# Arnis · Escrima · Kali

## *Die Kunst der wirbelnden Stöcke*

**Lehrbuch für den Stockkampf**

**von**

**Dr. Gunnar Siebert**

Mit 198 Abbildungen

9. Auflage
2022

VERLAG WEINMANN — BERLIN

Autor und Verlag haften in keiner Weise für Verletzungen, die bei der Ausübung der hier beschriebenen Instruktionen und Ausführungen auftreten können. Eine Haftung für Personen-, Sach- und Vermögensschäden ist ausgeschlossen.

**Bibliografische Information Der Deutschen Nationalbibliothek**
Die Deutsche Nationalbibliothek verzeichnet diese Publikation in der Deutschen Nationalbibliografie; detaillierte bibliografische Daten sind im Internet über http://dnb.ddb.de abrufbar.

Titelidee & Grafik: Joachim K. P. Klemm
Titelillustration: Christina Rey, ABA GmbH Berlin



Repro: Gepro GmbH

# INHALTSVERZEICHNIS

## Widmung

Dieses Buch sollte ursprünglich Personen gewidmet werden, die mir besonders viel bedeuten bzw. mich während der Erstellung dieses Buches ertragen mußten. Doch ich glaube, es ist besser, ich widme dieses Buch

*dem besseren Verständnis füreinander!*

Der Kampfsport lehrt uns, auf viele kleine Dinge zu achten und sie zu einem Bild zusammenzusetzen. Kann das nicht auch auf unseren Alltag übertragen werden?
Für die einen ist die Kampfkunst lediglich ein Sport, um den Körper zu bewegen, für die anderen ist Kampfkunst ein Training für Körper, Geist und Seele. Es ist eine ständige Suche nach neuen Erkenntnissen, Perfektion und innerer Balance. Dazu gehört auch die Auseinandersetzung mit anderen Stilen und Kampfformen.
Ich hoffe, daß dieses Buch neue Erkenntnisse auf diesem Weg bringt.
Weitere Informationen auch im Internet:
http : // www.wws.de / aek

# I. Was ist Arnis?

*Ziel des Buches*

Das Buch beschreibt die Kunst des Stockkampfes, wie sie auf den Philippinen gelehrt wird. Arnis, die Faszination der wirbelnden Stöcke, ist die bekannteste Kampfkunst auf den Philippinen. Diese Kunst des Kampfes kann mit Schwertern und Messern sowie ohne Waffen ausgeführt werden.

Arnistechniken bestehen aus Schlag-, Block-, Greif-, Entwaffnungs- und Wurftechniken. Insbesondere die blitzschnellen Entwaffnungstechniken, die wie spielerisch während des Kampfes eingesetzt werden, zeigen die Eleganz und Effektivität dieses Sports.

Das Buch beginnt mit Erläuterungen der verschiedenen Schläge, Blöcke, Gegenangriffe und Entwaffnungstechniken. Es zeigt außerdem Verteidigungsmöglichkeiten gegenüber Stockangriffen, bei denen der Verteidiger selbst keine Waffe besitzt.

*Ohne Waffe ist man wehrlos?*

Oft begegnet einem das Argument, daß man keinen Stock dabei habe, wenn man ihn gerade benötigt. Kein Problem, denn die erlernten Schlagtechniken lassen sich ohne weiteres auf waffenlose Techniken übertragen.

Beim Arnistraining lernt man zuerst den sauberen Umgang mit einer Waffe, da es immer leichter ist, sich mit einer Waffe zu verteidi-

Abb.1 Lapu-Lapu-Statue auf Mactan

gen als ohne. Das dahinterstehende Prinzip ist das entscheidende: Die Ausführung der Stocktechniken ist identisch oder zumindest sehr ähnlich zu denen ohne Waffe, so daß man sich dann auch ohne Waffe gegen Messer- und Stockangriffe erfolgreich verteidigen kann.

Dabei ist es wichtig, ein Distanzgefühl zu entwickeln, das sich nicht nur auf die angeborenen Abstände wie Bein-, Arm-, Ellenbogen- und Faust-Reichweiten beschränkt.

*Verteidigung mit bloßen Händen oder Gegenständen wie Bleistiften, Zeitungen, Regenschirmen.*

Anschließend lernt man, sich mit Gegenständen wie Bleistift, Regenschirm, Zeitung etc. sowie mit bloßen Händen zu verteidigen. Die Arme werden hierbei wie Stöcke betrachtet, die blocken, greifen, entwaffnen und angreifen. Im Gegensatz zu anderen Sportarten wie z. B. Karate oder Taekwondo, die zuerst Hand- und Fußtechniken trainieren, wird im Arnis zuerst mit der Waffe trainiert. Dies hat sowohl historische als auch zweckmäßige Gründe.

Es ist ein Charakteristikum der Philippinen (und der Indonesier), daß sie sich im Gegensatz zu anderen asiatischen Ländern wie Japan oder China zuerst mit Waffen verteidigten. In China und Japan war es nur der Oberschicht erlaubt, Waffen wie z. B. Schwerter zu tragen und den Umgang damit zu erlernen. In den Inselreichen, die häufig von Piraten überfallen wurden, war es notwendig, sich mittels eines Gegenstandes möglichst viele Gegner vom Hals zu halten. Zudem stellt die Verwendung einer Waffe eine psychologische Hilfe dar, durch die man ein größeres Selbstvertrauen erlangt.

*Der Stockkampf ist unabhängig von Geschlecht, Alter oder Körpergröße leicht erlernbar.*

Mit einer Waffe ist es für jeden Menschen einfacher und effektiver, sich gegen mehrere Gegner zu verteidigen, unabhängig von Alter, Geschlecht oder Körpergröße. Gerade in unserer Zeit, in der die Kriminalität in den Städten zunimmt, stellt dies leider ein sehr aktuelles Thema dar. Der große Vorteil von Arnis ist, daß es unabhängig von der körperlichen Konstitution und Stärke befähigt, sich effektiv zu verteidigen. Jedes Alter und beide Geschlechter haben die gleichen Chancen, Arnis zu erlernen und sich selbst zu verteidigen. Gerade ältere Menschen, die einen Stock oder andere Hilfsmittel zur Unterstützung des sicheren Laufens verwenden, können sich so gegenüber tätlichen Angriffen durchsetzen. Mit Hilfe eines Stockes wird die natürliche Reichweite des Menschen vergrößert, seine Bewegungsgeschwindigkeit enorm erhöht und die einwirkenden Kräfte verstärkt, so daß es nicht verwundert, daß philippinische Meister noch in hohem Alter wettkampfaktiv sind. Zudem hält man sich durch Arnissportübungen fit und geschmeidig. Arnis verhilft zu guter körperlicher und geistiger Kondition, Balance, Geschwindigkeit und Beweglichkeit. Rhythmus, Timing und Distanzgefühl und der Auf- und Ausbau der natürlichen Reflexe werden gefördert.

*Rattan, das Material aus dem die Stöcke sind.*

Im Arnis wird ein besonderer Stock aus Rattan verwendet. Diese „spanische Rohr", wie Rattan auch genannt wird, stammt von einer Schilfpalmenart, die auf den Philippinen vorkommt. Bis zu 100 m lang kann dieses kletternde Palmengewächs werden.

Es haben sich ganze Industriezweige um das Rattan gebildet, z. B. die Möbelindustrie. Häufig wird Rattan mit Bambus verwechselt. Eine äußerliche Ähnlichkeit ist zwar vorhanden, Bambus ist jedoch innen hohl und nicht schlagfest. Rattan hingegen besteht aus vielen einzelnen Fasern und wird auch „Luftwurzel" genannt. Dies versteht der Leser, sobald er einmal durch einen Stock durchgepustet hat. Rattan ist hervorragend für Arnis geeignet. Es besitzt eine hohe Festigkeit, ist biegsam und nicht spröde. Selbst wenn Fasern sich ablösen, behält der Stock seine Struktur, bricht und gefährdet so den Sportler nicht. Die Botanik trifft eine wichtige Unterscheidung: Bambus wird zu den Gräsern gerechnet, Rattan zu den Schilfpalmen.

Wahlweise können ein oder zwei Stöcke mit einer Länge von je 15 - 70 cm verwendet werden. Die Länge und Dicke des Stockes sind abhängig von der eigenen Armlänge, dem persönlichen Gefühl und von dem bevorzugten Stil.

*Es existiert ein Dschungel an Stockkampfstilen.*

Auf den Philippinen existieren über hundert verschiedene Kampfstile und Methoden im Arnis, die je nach der Region, den charakteristischen Kampftechniken oder nach den Namen ihrer Begründer bezeichnet werden.

*Nomen est Omen?*

Wenn in diesem Buch das Wort „Arnis" verwendet wird, steht dieser Begriff immer synonym für Escrima oder Kali. Arnis, als die übliche Bezeichnung für Stockkampf im Norden der Philippinen, ist in anderen Regionen der Philippinen wie z. B. auf der Insel Cebu unter dem Namen Escrima, bei den Tagalog-sprechenden Provinzen als Estocada, sowie in anderen Regionen als Estoque, Kali, Fraile usw. bekannt (siehe auch Kapitel 13).

*ARNIS*

Der Begriff **Arnis** kommt von arnés (span. = Harnisch, Schutz, Rüstung), da die damaligen Stockkämpfer die Spanier nur an ihren

Abb. 2 Kreuz des Magellan

ungeschützten Stellen wirkungsvoll treffen und so besiegen konnten.

*ESCRIMA*

Der Begriff **Escrima** stammt von dem spanischen Wort „esgrima" und bedeutet Fechten oder Fechtkunst.

Ein philippinischer Freund erklärte mir einmal, daß bei ihnen daheim dieses Wort auch von der Bedeutung escribar (span. = schreiben) abgeleitet wird, da alle Fehden mit Macheten ausgetragen wurden und man praktisch mit Blut schrieb. Dies zeigt, daß sich aus solchen regionsabhängigen Interpretationen entsprechende Bezeichnungen durchgesetzt haben und so überliefert wurden. Obwohl jeder Meister seinen Stil und eigene Techniken besaß, diese weiterentwickelte und weitergab, kann man all das als Stockkampf bezeichnen.

*KALI*

Der Begriff **Kali** setzt sich aus zwei Teilen zusammen: *Ka* steht in der Bedeutung des Cebuano (spezieller Dialekt der Visayas, der mittleren Inselgruppe der Philippinen) für camot = Hand, und *Li* steht für lehok = Bewegungen. Kali kann also mit ,,Bewegungen der Hand'' oder einfach ,,Handbewegungen'' übersetzt werden.

Arnis kann durch verschiedene Trainingsmethoden vermittelt werden:

*Trainingsmethoden*

1. Als artistische Übung, bei der schwingende und wirbelnde Bewegungselemente sowie bei defensivem Verhalten auch eingedrehte Wirbeltechniken vorherrschen.

2. Als abgestimmter und eingeübter Bewegungsablauf mit dem Partner, um Schläge auszutauschen und Blöcke sowie Entwaffnungstechniken zu trainieren.

3. Als Tanz zur Förderung geschmeidiger Bewegungen und Rhythmen.

4. Als Freikampf, d. h. die höchste Stufe des Stockkampfes, in der die Trainierenden sich belauern, versuchen sich gegenseitig auszumanövrieren, zu parieren und den ersten Schlag oder Stich beim Gegner unter Einsatz ihres gesamten Könnens und Wissens zu landen.

*Dank schlanker Lernmethoden und -stile ist es möglich, höchst effektiv einsetzbare Techniken schnell und leicht zu erlernen.*

Alle in diesem Buch verwendeten Fachbegriffe können im Glossar nachgeschlagen werden. Prinzipiell wird jedoch davon ausgegangen, daß solches „Fachchinesisch" nicht entscheidend ist. Dies ist ein weiterer Vorzug des Arnis, Escrima oder Kali, der Bedarf an philippinischen Vokabeln beschränkt sich auf ein Minimum. Das beste Beispiel hierfür sind die in der jeweiligen Landessprache durchnumerierten Grundschläge.

Abb. 3

Filipinos in ihrer traditionellen Kleidung

(Photographie um 1900)

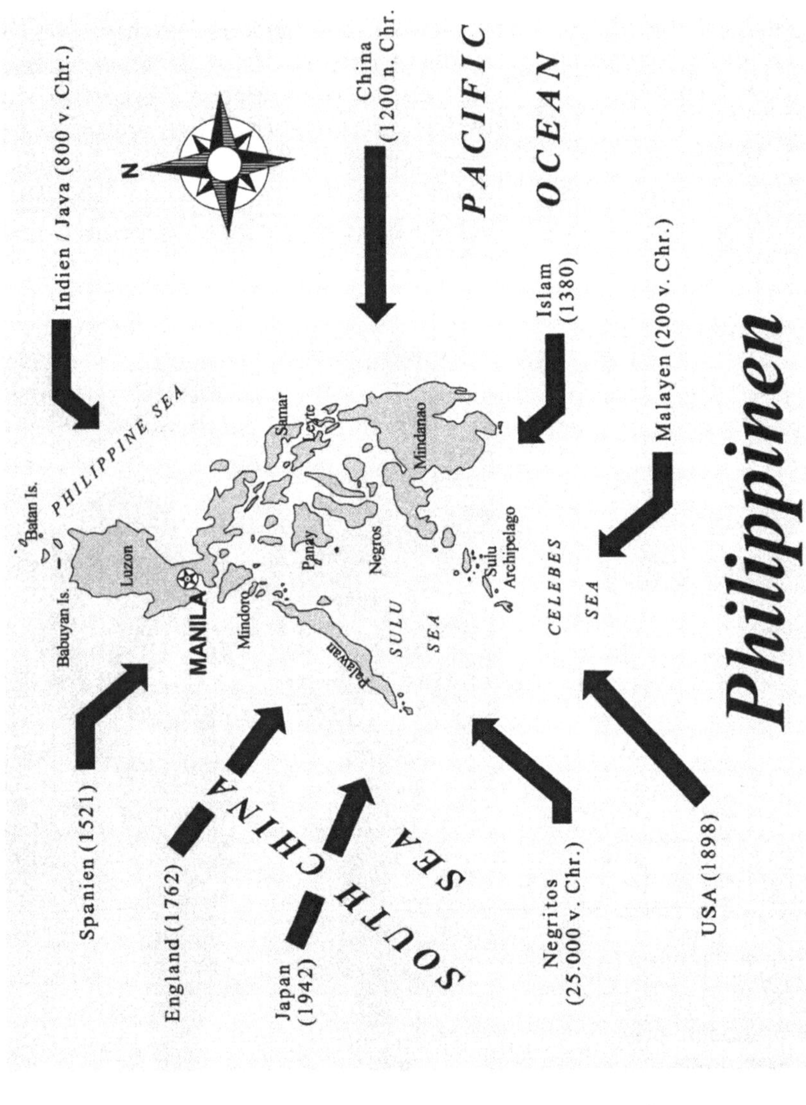


Abb. 4: Die Philippinen und die externen Einflüsse im Laufe der Jahrhunderte

# II. Die Geschichte des Arnis - Escrima - Kali

Die Philippinen sind eine Inselgruppe im malaiischen Archipel, die sich über eine Länge von 1600 km erstrecken. Sie werden im Osten durch den Pazifik und im Westen durch das Südchinesische Meer begrenzt. Die Philippinen bestehen aus 7107 Inseln, von denen aber nur ca. 3000 einen Namen tragen. Die 11 größten Inseln umfassen 90 % der Gesamtfläche des Staates.
Die Bevölkerung besteht zum größten Teil aus Filipinos indonesischer Abstammung, also Malaien. In den philippinischen Gebirgslandschaften leben Negritos. Unter den Fremdstämmigen sind die Chinesen am zahlreichsten vertreten.
Auch die Spanier haben sich mit den Filipinos vermischt. Die Filipinos sprechen 87 verschiedene Dialekte. Tagalog und Filipino gelten als Landessprachen. Die Bevölkerung ist überwiegend römisch-katholisch.
Dies sind Voraussetzungen für den Leser, um sein Verständnis zu wecken, daß die Struktur des Landes und die Beeinflussungen von außen die Filipinos und ganz besonders ihre Kampfkünste geprägt haben (siehe Abbildung 4).
25.000 Jahre vor Christi Geburt waren die Philippinen noch mit dem Festland verbunden, als die Aetas, auch Negritos genannt, einwanderten. Diese kleinwüchsigen, kraushaarigen Ureinwohner mit dunkler, beinahe gelblicher Hautfarbe, jagen, wandern und sammeln inzwischen in immer geringer werdender Zahl in den unzugänglichen Bergdschungeln Palawans, Luzons und Mindanaos.
Diese Pygmäenstämme, die mit Stöcken sowie Pfeil und Bogen bewaffnet waren, mußten um 200 v. Chr. den malaiischen Stämmen weichen. Dies ist nicht verwunderlich, wenn man bedenkt, daß sozusagen die Steinzeit gegen die Bronze- und Eisenzeit antrat. Die malaiischen Stämme brachten außer den eisernen Waffen insbesondere die Techniken des Tjakalele, die indonesische Form des Stockkampfes mit, welche eine der Urformen des heutigen Kali ist.

Die Malaien bereicherten das philippinische Arsenal der Kampfkünste, so daß die frühen Filipinos neben den waffenlosen Techniken, Pfeil und Bogen, auch zu Experten in der Benutzung geschmiedeter Waffen und Messer wurden.
Die philippinische Kultur wurde durch zwei verschiedene hinduistisch-buddhistische Völkerwanderungen stark geprägt. Zum einen durch den Vorstoß des von Palembang auf Sumatra ausgehenden Seereiches „Sri-Vijaya" (800 - 1377 n. Chr.), dessen Einfluß in den Handelsbeziehungen noch heute an dem Namen der mittleren Inselgruppe der Philippinen, den Visayas (sprich: Bisayas), erkennbar ist. Zum anderen streckte das mächtige ost-javanische Reich von Majapahit (1293-1478 n. Chr.) seine Fühler bis auf die Philippinen aus.
Dadurch wurde die philippinische Kultur um den Hinduismus, die Gesetze der Hindus, ihre Bürokratie, die Sprache des Sanskrit, Meßsysteme, Gewichte, einen Kalender und bessere Waffen bereichert. Wichtig für den Feldbau wurden die Kenntnisse des indischen Kalenders. Die soziale Organisation richtete sich nach den indischen Vorbildern des Barangay-Systems, d. h. das Dorf stellte eine große Familie dar. Auch heute noch finden sich in den philippinischen Sprachen Worte, die ihren Ursprung im indischen Sanskrit haben.
Die Chinesen versuchten seit der Sung-Dynastie im 10./11. Jahrhundert die Philippinen zu erobern. Dies gelang dann um 1200 n. Chr. in der Ming-Dynastie. Chinesische Soldaten eroberten die philippinischen Inseln. Doch den Chinesen blieb in blutiger Erinnerung, daß sie einige Schlachten gegen die Eingeborenen, die nur mit Stöcken und Flammenschwertern (sog. Kris) bewaffnet waren, verloren. Die Chinesen brachten die Porzellanherstellung, Haushaltsgeräte und verschiedene neue Kampftechniken in das Land. Das Kuntao, der philippinische Hand- und Fußkampf, ist von den chinesischen Einwanderern über Malaysien und Indonesien auf den Philippinen verbreitet worden. Die chinesische Kultur hat insbesondere durch die Immigranten ihren Einfluß auf die philippinischen Kampfkünste bis heute behalten.

Um 1380 faßte erstmals die Lehre Mohammeds auf dem südlichen Teil der Philippinen Fuß. Einige Inseln traten dem islamischen Glauben bei, welche durch den muslimischen Missionar Mokdum (auch als Makdum bekannt) bekehrt wurden. Ein Zeugnis der muslimischen Liebe zu Klingenwaffen gibt die Vielzahl der Formen und Typen von Messern und

Schwertern wieder, wie z. B. Kris, Punal und Panabas (siehe Kapitel 3). Dies zeigt sich heute vor allem bei der islamischen Bevölkerung auf Mindanao und Sulu.
Unter der Führung von Abu Bakr wurde das erste Sultanat auf den Philippinen errichtet. Im 16. Jahrhundert bestanden auf Sulu und Mindanao mehrere Sultanate und die Söhne Allahs griffen bis nach Manila, wo sich der dortige Häuptling zum Islam bekehren ließ. Die Verbreitung des Islams und dessen politische Macht wurde zu einem Faktor, mit dem insbesondere die Spanier die ganze Zeit zu rechnen hatten.

Im Jahre 1521 landete Ferdinand Magellan, ein portugiesischer Seefahrer, im Auftrag der Spanier bei seiner Weltumseglung auf den Philippinen. Er errichtete das heute noch existierende Holzkreuz auf der Insel Cebu und machte damit gleichzeitig christliche und spanische Besitzansprüche für die ganzen Philippinen geltend.
Magellan, der mit Humabon, einem verbündetem Häuptling auf Cebu, die Abmachung traf, dessen gefährlichen Nebenspieler Lapu-Lapu zu beseitigen, griff diesen auf Mactan, einer kleinen vor Cebu liegenden Insel an. Er wollte zum einen ein Exempel statuieren und zum anderen den gegen die Spanier eingestellten Lapu-Lapu beseitigen. So griffen denn die Spanier, mit Rüstungen und schweren Waffen (Musketen) ausgestattet, Mactan an. Jedoch wurde diese Landung ein einziges Desaster. Als die Mannschaft von Magellan auf der Insel Mactan landete, wurde sie von den dort lebenden philippinischen Fischern mit primitiven Lanzen, feuergehärteten Stöcken und Rattanstöcken angegriffen. Die philippinischen Inselbewohner attackierten unter der Führung ihres Häuptlings Lapu-Lapu die durch ihre schwere Ausrüstung sehr unbeweglichen Spanier schon im Wasser. Mit ihrer leichten Bekleidung und den sehr beweglichen Stöcken waren sie den Spaniern haushoch überlegen. Bei diesem Angriff wurde Magellan und ein Teil der Besatzung von mehreren Schiffen erschlagen. Lapu-Lapu gilt seither als der erste Freiheitskämpfer der Philippinen, der sich gegen ausländische Invasoren erfolgreich zur Wehr gesetzt hat.
Später lösten die spanischen „Conquistadores" unter der Führung von Miguel Lopez de Lesgaspi die nördlichen Regionen aus den Sultanaten und christianisierten sie. Bald traten auch die mittleren Inseln zum katholischen Glauben über. Im Süden jedoch rebellierten die sogenannten Moros wegen ihres Glaubens über Jahrhunderte bis in unsere

Zeit gegen die Vorherrschaft der Spanier und damit auch gegen den katholischen Glauben. Die Bezeichnung Moros stammt von dem Begriff Mauren ab, wie die islamischen Eroberer im Europa des 16. Jahrhunderts genannt wurden.

Am 3. November 1574 wurde der berüchtigte chinesische Pirat Chu Liang-Pao an der Südküste Chinas von der kaiserlichen Flotte Ming's gestellt und getötet. Hierauf übernahm Lin Feng, bekannt unter dem Namen Limahong, die Führung über die restlichen 30 Dschunken mit einer Besatzungsstärke von 3000 Menschen und griff die in seinen Augen schwache, spanische Kolonie an. Am 29. November 1574 drangen die chinesischen Piraten bis nach Intramuros, dem befestigten Steinfort der Spanier in Manila vor, und töteten den Kommandanten Martin de Goito. Nur durch den Einsatz der 50 Mann starken Arkebusen-Einheit unter der Führung des letzten großen Conquistadors Juan de Salveda (geb. 1549 in Mexico-City), dem Enkel des bekannten Eroberers Lopez de Lesgaspi, konnten die Angreifer vertrieben werden. Diese flohen auf die Insel Lengayen auf Pangasenan, bauten dort ein Fort und wollten eine Kolonie gründen. Nach kurzer Zeit wurden sie aber von den Spaniern vertrieben. Durch diese Periode sind noch heute viele chinesische Schwertformen und Schwertherstellungsverfahren auf den Philippinen bekannt, so z. B. das „Kampilan" (siehe Abbildung 5), welches ein von den Piraten auf Sulu und Mindanao verwendetes Schwert war.

Im Laufe der Jahrhunderte und unter dem Einfluß der verschiedenen Kulturen, durch Kampferfahrungen und eifrige Studien haben sich die ehemals primitiven, nur mit Kraft ausgeführten Schläge sowie die Kampftaktiken stetig verbessert und sind so zu einem geschmeidigen, ästhetischen, präzisen und extrem wirkungsvollen Kampfstil herangereift. Die Filipinos haben von den Spaniern die Kunst, mit Schwertern und Dolchen zu kämpfen, übernommen und daraus die sogenannten „espada y daga"-Techniken entwickelt. Espada bedeutet Schwert, daga kann mit Dolch übersetzt werden, d. h. also Schwert- und Dolchtechniken.

Im 16. Jahrhundert war Arnis so populär, daß es zum Sport der Könige und oberen Zehntausend wurde. Die ersten königlichen Experten dieser Kampfkunst wurden die Rajahs (sprich: Radschahs) und Maharli-

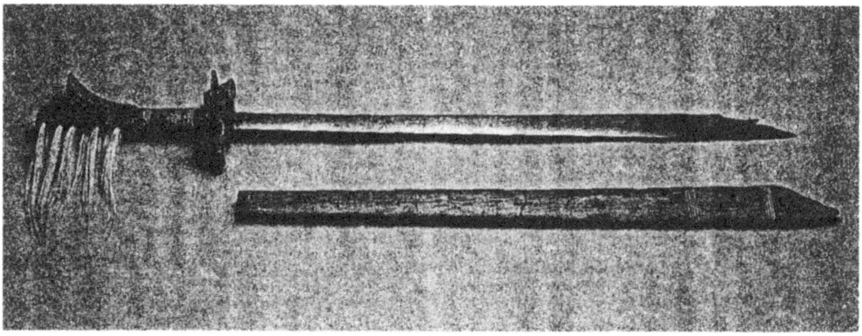

Abb. 5 Bekannte philippinische Schwertformen, das Kampilan und das Kris

kas der Visayas. Aber dieser Kampfsport war nicht nur bei den oberen Schichten sehr beliebt. Auch die einfachen Filipinos praktizierten Arnis, nicht nur zur Selbstverteidigung, sondern auch zur Unterhaltung. Auf jeder Fiesta und bei anderen Ereignissen war es eine begehrte Attraktion. Zum Teil wurde es auch dazu verwendet, private Differenzen auszutragen oder einfach um zu testen, wer die besseren Techniken besaß.

Gefiel den Spaniern zu Anfang die Kunst der Filipinos im Umgang mit Waffen noch, wurde ihnen dies mit der Zeit zu gefährlich. Im Jahre 1764 ließen die Spanier die Kampfkünste auf den Philippinen per Dekret verbieten. Die Spanier versuchten systematisch, die vorhandene Kultur der Filipinos zu zerstören. Sie führten Bücherverbrennungen durch, verboten die Benutzung des einheimischen Alphabetes und die Kampfkünste. Unbewußt jedoch hielten die spanischen Eroberer durch ihre Liebe zu den einheimischen Tänzen alles am Leben. Die Tänze enthielten Bewegungsabläufe aus dem Kali und wurden mit besonderen Kleidungen vorgeführt, auf denen das philippinische Alphabet als Verzierung aufgestickt war. Ein bekannter Stil, der seine Namensgebung diesen Umständen verdankt, heißt abecedario (= Alphabet). Viele schöne und runde Bewegungen sind hieraus hervorgegangen. Die Kampftänze mit ihren hinreißenden Rhythmen, begleitet durch die eindringlichen Trommeln und stampfenden Füße der Krieger, sind eine beeindruckende Sache; man kann verstehen, daß die Spanier begeistert waren.

Während der spanischen Herrschaft praktizierten die Filipinos ihre Techniken im Dschungel und perfektionierten ihre Kampfkünste im Geheimen. Die Kunst des Stockkampfes (Arnis Escrima Kali) wurde innerhalb der Familien von einem Mitglied an das nächste weitergegeben. Es war eine Seltenheit und ganz besondere Auszeichnung, daß Nicht-Familienmitglieder als Schüler akzeptiert wurden.
Die ganze Zeit bis 1898 kämpften die Spanier gegen die südlichen Regionen, auf denen der Islam verbreitet war.

Die Versenkung des amerikanischen Kriegsschiffes „Maine" vor Kuba im Jahre 1898 mündete in den spanisch-amerikanischen Krieg, bei dem die Spanier unter anderem auch die Philippinen an die USA abtraten.

Abb. 6 Das alte philippinische Alphabet als Stickerei

Die Filipinos dachten nun, sie seien endlich befreit, doch sie mußten relativ rasch feststellen, daß lediglich ein Wechsel der fremden Vorherrschaft stattgefunden hatte. Am 24. August 1898 brach nach schweren Unruhen eine große Revolution aus. Der amerikanische General John Pershing befehligte die amerikanischen Truppen während eines vierjährigen Krieges, bis die letzten Rebellen kapitulierten. Daß dies in Europa nicht zur Kenntnis genommen wurde, ist nicht weiter verwunderlich, wenn man bedenkt, was zu dieser Zeit alles geschah. Eine kleine Sammlung verschiedener Weltereignisse aus diesem Jahr belegen dies: Das Tirpitz Flottenbauprogramm, die Bagdadbahn-Konzession, der Burenkrieg in Südafrika, der griechisch-türkische Krieg, die Internierung des chinesischen Kaisers und der China-Pachtvertrag, die Faschoda-Krise und die Aufgabe der "splendid isolation" in der britischen Politik.

Die muslimischen Moros im Süden der Philippinen waren nicht bereit, ihre Angriffe gegen die Amerikaner einzustellen und die neue Fremdherrschaft zu akzeptieren. Sie begingen Amokläufe. Diese Kämpfer wurden „Juramentados" genannt. Sie rasierten sich ihre Schädel kahl und wickelten sich ein nasses Stück Leder fest um Glied und Hoden. Beim Trocknen des Leders zieht sich dieses zusammen, so daß sie wahnsinnig vor Schmerzen mit einem Stock oder einer Machete losstürmten und alles totschlugen, was sich ihnen in den Weg stellte, bis sie schließlich als letzte umkamen. So kam es, daß bei einem solchen Amoklauf ein amerikanischer Offizier sein ganzes Pistolenmagazin mit dem Kaliber 38 in einen Juramentado schoß, dieser jedoch erst nach der Enthauptung des amerikanischen Offiziers zusammenbrach. Dies veranlaßte die amerikanische Armee, eine Pistole mit stärkerem Kaliber zu entwickeln, um solche Amokläufer zu stoppen.

Dr. José Rizal wurde als Kind spanisch-philippinisch-chinesischer Herkunft der oberen Schicht am 19. Juni 1861 in Calambo/Philippinen geboren. Der promovierte Augenarzt trainierte unter anderem auch Arnistechniken, bevor er seine Studien in Europa fortsetzte. Aufgrund seiner aufrührerischen Schriften wurde er von den Spaniern von den Philippinen verbannt. Am Abend vor Rizals Abreise ins Exil gründete sein Freund Andres Bonifacio die „Kataastaasang Kagalanggalanggang Katipunan ng", kurz KKK (oder Triple K) genannt, einen Geheimbund mit eindeutig separatistischen Ideen. Dr. Rizal glaubte nach einiger Zeit, unbehelligt zurückkehren zu können, wurde aber dann in Intramuros, der spanischen Festung in Manila, zum Tode verurteilt und hingerichtet. Er gilt seither als einer der bekanntesten Freiheitskämpfer der Philippinen.

Im Jahr 1896, als Dr. José Rizal, der Vater der philippinischen Unabhängigkeit, starb, gründete José de Azas eine Schule zum Studium des Arnis und des Florettfechtens auf den Philippinen.

Der amerikanisch-philippinische Krieg endete 1902, und das Leben auf den Philippinen normalisierte sich wieder. 1932 wurde der Doce Pares Club gegründet, der älteste noch existierende Arnisclub auf den Philippinen. Er war in seiner Anfangszeit ein Geheimbund, um den Stockkampf zu trainieren. Doce Pares bedeutet „12 Hände", da 6 Menschen

Abb. 7 Rizalstatue im Rizal-Park von Manila

den Club gründeten, siehe dazu Kapitel 7.2 (Bekannte Meister im Arnis).
1938, 10 Stunden nach der Bombardierung amerikanischer Schiffe in Pearl Harbour, griffen die Japaner die Philippinen an. Gemeinsam mit amerikanischen Truppen kämpften die Filipinos für die Verteidigung ihrer Inseln. Sie erwiesen sich während des 2. Weltkrieges durch den perfekten Gebrauch von Stöcken, Messern und Macheten als Experten im lautlosen Dschungelkampf.

1946 am Ende des 2. Weltkrieges erklärten die Philippinen ihre Unabhängigkeit. Danach änderte sich die Bedeutung des Arnis, Escrima, Kali erheblich. Es wurde nur noch heimlich hinter verschlossenen Türen trainiert, und das Wissen begann zu verkümmern. Nur einigen alten Meistern ist es zu verdanken, daß dieses Wissen nicht völlig verloren ging. Die Philippinen wurden von 1965 an von Ferdinand E. Marcos als Staatspräsident geführt. Ab 1972 regierte er unter Kriegsrecht. 1989 wurden die Philippinen durch die sogenannte ,,Peoples Power'' demokratisch. Diese stellte eine friedliche Staatsreform dar, bei der nach dem Vorbild Ghandis die Macht der (von Marcos beherrschten) Banken und Geschäfte durch friedliche Besetzung und Boykottierung in die Hände des Volkes fiel. Auf den Philippinen kam es danach wieder zu einer Besinnung auf die eigene Kultur und Tradition, so daß allmählich auch wieder die Aspekte der eigenen Kampfkunst verfolgt wurden.

Dies gilt nicht nur für den Stockkampf, sondern auch für andere Kampfkünste der Philippinen wie z. B.:

- ☐ Das Kuntao, den Hand- und Fußkampf.
- ☐ Das Sikaran, der Kampf mit den Füßen (Tritten), vergleichbar mit dem Kickboxen.
- ☐ Das Suntukan, das philippinische Boxen sowie
- ☐ Das Dumog, die philippinische Form des Ringens.

Abb. 8 Symbol zur Förderung des deutsch-philippinischen Kulturaustausches

# III. Die Waffen (Stock/Schwert/Messer) — und was sonst an Ausrüstung benötigt wird

Die Auswahl der Waffe ist sehr entscheidend. Die elementaren Fragen, die hierbei auftauchen, werden in diesem Kapitel beantwortet.

- ☐ Aus welchem Material soll der Stock sein?
- ☐ Wie dick sollte der Stock sein?
- ☐ Wie lang muß der Stock sein?
- ☐ Wieviele Stöcke soll ich mir besorgen?
- ☐ Wieviel Geld muß ich für den Sport ausgeben?
- ☐ Wo kann ich die Stöcke kaufen?
- ☐ Benötige ich auch andere Waffen?
- ☐ Wie halte ich den Stock?
- ☐ Wie pflege ich meine Waffen?
- ☐ Welche Kleidung wird getragen ?
- ☐ Wie wird der Stock auf den Philippinen bezeichnet?
- ☐ Welche anderen philippinischen Waffen gibt es sonst noch?

## *Das Material, aus dem die Stöcke sind*

Der Stock ist traditionell aus Rattan. Der Begriff Rattan kommt aus dem Malaiischen von „rotan", auch Peddigrohr genannt. Es ist eine Palmengattung (Daemonorops), von der es über 80 Arten im tropischen Asien gibt. Sie ist eine schlanke, aufrecht wachsende oder kletternde Palme mit gefiederten Blättern. Es gibt Rotanpalmen (Calamus), die bis zu 100 m lang werden. Sie haben einen dünnen zähen Stamm und sind wuchernde, meist hochkletternde Palmen. Peddigrohr ist die glänzende Außenschicht der Stämme und wird auch als Flechtmaterial für Stühle oder Körbe verwendet. Dieses Material ist durch seine faserige Struktur hart und schwer zerstörbar.
Häufig wird Rattan mit Bambus verwechselt, es ist zwar eine äußerliche Ähnlichkeit vorhanden, Bambus ist jedoch innen hohl und weniger

stabil. Rattan hingegen besteht aus vielen einzelnen Fasern und wird auch Luftwurzel genannt. Dies versteht der Leser, sobald er einmal durch einen Stock durchgepustet hat. Rattan ist hervorragend für Arnis geeignet, stabil, biegsam und nicht spröde. Selbst wenn Fasern sich ablösen, behält der Stock seine Struktur, er bricht und gefährdet den Sportler nicht. Die Botanik trifft eine wichtige Unterscheidung: Bambus wird zu den Gräsern gerechnet, Rattan zu den Schilfpalmen. Der Verschleiß der Stöcke ist abhängig von der Kraft, mit der zugeschlagen wird, aber in der Regel halten die Stöcke ein Jahr und länger.

### *Wie dick müssen die Stöcke sein?*

Es ist heutzutage kein Problem, Stöcke in unterschiedlichen Stärken zu beziehen. Zur Überprüfung der individuell benötigten Stärke sollte der Stock in die Hand genommen und fest umschlossen werden. Er hat dann die richtige Stärke, wenn zwischen Fingern und Ballen nur ein kleiner Freiraum vorhanden ist.

Wird der Stock wie in Abbildung 9 a gehalten, ist er zu dick. Dies kann zu Schmerzen im Handgelenk führen und bedeutet in jedem Fall ein unsicheres Halten des Stockes.

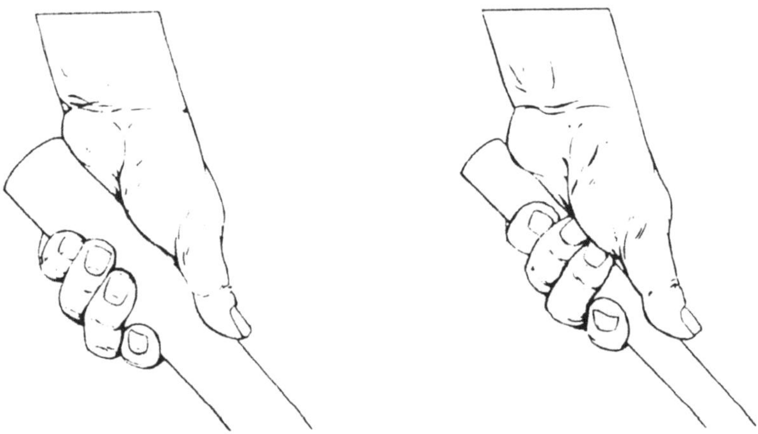

a b

Abb. 9 Schwierigkeiten durch zu dicke (a) oder zu dünne Stöcke (b)

Zudem sind die Bewegungen mit einem schwereren Stock wesentlich langsamer als bei einem leichteren.
Ebenso wie es Hart- und Weichhölzer gibt, wächst auch Rattan verschieden. Ein dicker Stock muß daher nicht schwer sein.
Ist der Stock zu dünn (siehe Abbildung 9 b), führt dies zu Schwierigkeiten bei der Ausführung der Schläge bzw. zu Schmerzen beim Zugreifen und damit zu einer unkontrollierten Handhabung des Stockes. Die Finger überlappen und insbesondere bei schnellen Wirbel- oder Trappingtechniken kann der Stock aus der Hand gleiten.

## *Wie lang muß der Stock sein?*

Die Länge des Stockes hängt von der Armlänge des Sportlers ab. Als grobe Richtlinie kann davon ausgegangen werden, daß der Stock mindestens so lang sein sollte wie der eigene Arm, d. h. zwischen 50 und 90 cm lang.

## *Wieviele Stöcke werden für diesen Sport benötigt?*

Am Anfang reicht ein Stock aus. Nach einigem Training wird jedoch mit zwei Stöcken simultan trainiert. Daher meine Empfehlung: Gleich am Anfang zwei Stöcke am besten vom gleichen Ast kaufen! Das hat den Vorteil, daß die Stöcke gleich lang und gleich schwer sind. Zum Training werden sowohl ein als auch zwei Stöcke benötigt.
Später sollte dann noch ein kurzer Stock von ca. 15 bis 30 cm Länge als Messerersatz hinzukommen. Eine Möglichkeit ist, einen der alten Stöcke auf das entsprechende Maß zu kürzen und sich neue Stöcke zu kaufen.

## *Wieviel muß ich für die Ausrüstung ausgeben?*

Ein Vorteil unseres Sportes ist, daß die Kosten gering sind. Für die Ausrüstung müssen zwei Stöcke gekauft werden und je nach Club unterschiedliche Kleidung. Bei vielen Stilen beschränkt sich dieser Aufwand auf eine schwarze Jogginghose und ein weißes T-Shirt. Die Stöcke sind für ca. 3 bis 25 Euro erhältlich.

## *Wo ist die Ausrüstung erhältlich?*

Die Stöcke können entweder bei Sportgeschäften bestellt werden (ca. 25,-- EURO) und haben die Bezeichnung „Escrima-sticks" oder „Arnis-sticks". Sie können als kostengünstigere Alternative auch in Rattangeschäften bzw. Korbflechtereien bezogen werden (3,-- bis 8,-- EURO).

## *Welche Kleidung muß man tragen?*

Da die Filipinos in einer wärmeren Region leben und meist nicht viel Geld haben, wurde aus der Not eine Tugend gemacht und die Graduierung über die T-Shirt-Farbe kenntlich gemacht. Bei anderen Stilen werden hierfür auch farbige Gürtel verwendet. Die Kleiderordnung ist unter dem Kapitel 9 näher beschrieben. Getragen wird meist eine schwarze Hose sowie ein weißes T-Shirt. Hiervon kann je nach Stil abgewichen werden.

Abb. 10 Die richtige Greifhaltung, um den Stock zu halten

## *Wie greife ich den Stock?*

Es gibt verschiedenen Möglichkeiten, den Stock zu ergreifen:

- ☐ Der Stock kann ganz am Ende ergriffen werden.
- ☐ Der Stock kann so gegriffen werden, daß eine Hand am unteren Ende noch Platz hat.
- ☐ Der Stock kann in der Mitte ergriffen werden.
- ☐ Der Stock kann am oberen Ende gehalten werden, so daß das lange Ende nach unten zeigt. Diese Haltung wird als "rewa" bezeichnet.

Die Handhaltung kann prinzipiell variieren. Entweder können alle Finger um den Stock liegen, oder der Daumen kann auf den Stock gelegt werden. Die Gefahr bei dieser Handhaltung ist jedoch, daß bei gutem Trapping der Daumen getroffen und gebrochen werden kann. Dennoch bevorzugen manche Stile diese Haltung. Am besten ist es, den Daumen mit um den Stock zu legen, da der Griff dann stärker ist und der Stock nicht so leicht fallen gelassen wird.

Abb. 11 Stock wird 1/4 zu 3/4 gegriffen

Abb. 12 Der Stock wird in der Mitte ergriffen

Abb. 13 Der Stock wird 3/4 zu 1/4 gegriffen

Abb. 14 Der Stock wird am Ende ergriffen

## *Wie pflege ich meine Waffen?*

Die Pflege des Stockes ist einfach. Ist der Stock leicht aufgefasert, so wickelt man ein Klebeband fest um den ganzen Stock, das erhält die feste Struktur des Stockes und verlängert seine Lebensdauer. Viele umwickeln ihre Stöcke von Anfang an, doch das ist Geschmacksache. Am besten eignet sich Textilklebeband zum umwickeln, es reißt nicht und gibt einen festen, rutschsicheren Halt.
Zur Pflege von Messern und Schwertern empfehle ich Ballistol (ein altbewährtes Waffenöl) oder andere Mittel aus dem Fachhandel.

## *Wie wird der Stock auf den Philippinen bezeichnet?*

Es existieren viele Bezeichnungen für den Stock, daher führe ich hier nur einige der bekanntesten an: Baston, Garote, Yantok oder Olisi. Das kurze Stockende wird als Punyo oder Butt bezeichnet (siehe Abbildung 10).

Abb. 15 Greifhaltungen am Stock (mit Daumen)

Abb. 16 Greifhaltungen am Stock (mit Zeigefinger)

### *Sonstige Fragen*

Immer wiederkehrende Fragen betreffen die Auswahl der Waffen. Die Grundausrüstung für Anfänger sollte aus zwei gleichen Rattanstöcken und einem kurzen Stock bestehen.

Die Ausrüstung eines langjährigen Stockkämpfers besteht aus (mindestens) 2 gleichen Rattanstöcken, einem Holzmesser oder zumindest einem kurzen Stock und einem 1,7 bis 2,2 m langen Stock (sibat), 2 Balisong sowie 2 Macheten. Je nach Wettkampfaktivität kann dann ein Helm für Semikontakt oder Vollkontakt nachgekauft werden. Die vollständige Wettkampfausrüstung siehe Kapitel 8.

### *Welche anderen philippinischen Waffen gibt es noch?*

Die Vielfalt an Waffen auf den Philippinen, beeinflußt durch die unterschiedlichen Kulturen, die sich auf den 7107 Inseln niederließen, ist enorm. Die Waffen reichen von kurzer Reichweite wie z. B. Faustverstärkern bis zu weitreichenden Waffen wie Pfeil und Bogen.

Abb. 17 Die Vielfalt der einsetzbaren Waffen beim Arnis Escrima Kali reicht vom Messer über Schwerter bis zu Regenschirmen

Eine Übersicht der bekanntesten Waffen bietet Abbildung 17. Die wohl bekannteste Waffe neben dem Stock ist das *Balisong*. Das Balisong, auch als Butterfly-Messer bekannt, ist eine Art Klappmesser, bei der die Klinge im Transportzustand zwischen den Griffhälften liegt.

Balisongs haben normalerweise aufgeklappt eine Länge zwischen 20 und 30 cm, es gibt sie aber auch in jeder erdenklichen Größe, angefangen beim winzigen 5 cm langen Schlüsselanhänger. Das größte aufgeklappte Balisong, das ich bisher gesehen habe, war fast 2 m lang (siehe Abbildung 19).

Abb. 18 Verschiedene Messer

Eine weitere Waffe ist das *Bolo*. Es ist eigentlich ein Arbeitswerkzeug, das zum Hacken von Kokosnüssen und anderen Dingen eingesetzt wird. Das Bolo ist eine Art Machete mit einer Klingenlänge zwischen 30 und 50 cm.

Zur Familie der Schwerter gehört das *Kampilan*. Das Kampilan ist ein relativ gerades Schwert, welches an der Spitze noch eine spitze Verlängerung besitzt, siehe Abbildung 5.
Für Vorführungen hervorragend geeignet ist das *Kris*. Die Klinge hat die Form einer Flamme, daher auch der Begriff Flammenklinge. Je nach Klingenlänge kann es als Dolch oder als Schwert gearbeitet sein. Als Dolch besitzt es meist eine Art Pistolengriff.
Der Langstab wird im Philippinischen als Sibat bezeichnet. Die Länge dieses Stockes liegt zwischen 1,4 und 3 m. Das Material, aus dem der Langstab besteht, kann Rattan, Bahi (Eisenholz) oder Kamagong (Hartholz) sein. Viele Stile vernachlässigen leider das Training mit dem Langstab. Das Training mit dem Langstab ist jedoch ein wichtiger Bestandteil des Stockkampftrainings, um ein besseres Distanzgefühl zu erwerben und den Umgang mit zwei Händen an einer Waffe sowie exzellente Wirbeltechniken zu erlernen.

Abb. 19 Balisong mit Überlänge

# IV. Die Grundlagen

Ziel dieses Kapitels ist es, die grundlegenden Voraussetzungen des philippinischen Stockkampfes zu erläutern. Gleichzeitig soll Verständnis und Interesse für eine andere Kultur geweckt sowie der Geist geöffnet werden, sich mit der Thematik des Stockkampfes bewußt auseinanderzusetzen. Beim Erlernen dieser Sportart sollte prinzipiell darauf geachtet werden, eine Harmonie zwischen Kampf, Kultur, Wissen und Hintergründen aufzubauen.

In diesem Kapitel wird eingegangen auf

- den Trainingsraum,
- die verschiedenen Begrüßungsformen,
- Aufwärmübungen,
- Wirbeltechniken,
- das aktive Sehen, Distanzgefühl,
- Grundstellungen oder besser Bewegungsformen,
- die gesetzlichen Bestimmungen sowie
- die Trefferregionen am Körper mit den entsprechenden Numerierungen

## 4.1 Trainingsraum, Schulen und Begrüßungsformen

Der Trainingsraum ist der Ort, an dem man vom Alltagsleben abschalten, sich wieder regenerieren und sportlich betätigen kann. Das heißt nicht, daß das Training auf einen bestimmten Raum begrenzt ist. Im Gegenteil, prinzipiell sollte überall trainiert werden, im Park, im Wald, auf der Wiese, in der Sporthalle. In unseren Breitengraden wird das Training jedoch meistens in Hallen stattfinden. Für alle Trainingsplätze gelten die gleichen Grundregeln, die man einhalten sollte:
Beim Eintritt in den Trainingsraum verbeugt man sich und streift damit seine Gedanken und Sorgen ab, ähnlich einer Jacke, die man auf einen

Bügel hängt, aber beim Verlassen der Halle hoffentlich nicht mehr braucht. Man nimmt den Duft der Konzentration und des Kampfes auf. Durch die Verbeugung zeigt man, daß man sich auf das Training freut und Lehrer und Trainingskameraden seinen Respekt erweist. Mindestvoraussetzungen für den Trainingsraum sind eine Höhe von 2,6 m und eine Grundfläche von 30 $m^2$. Es sollte Platz zum Auslegen von Matten sowie zum Training mit dem Langstab (Sibat) vorhanden sein. Vorrichtungen zum Aufhängen eines Sandsackes oder Gummireifens sind wünschenswert, jedoch nicht zwingend.

In früheren Zeiten stand die Bezeichnung *Bothoan* für eine Universität des Lebens. Bothoans waren besondere Schulen, in denen man unter anderem den Umgang mit den Waffen erlernen konnte. Die Schüler wurden hierfür fortwährend harten Prüfungen unterzogen. Bei Nicht-

Abb. 20 Begrüßung ohne Stock

bestehen einer Prüfung wurden sie aufgefordert, die Schule umgehend zu verlassen.
Es gibt auch heutzutage noch Bothoans auf den Philippinen, leider werden diese jedoch immer weniger und sind extrem schwer zu finden. Die heutigen Bothoans unterscheiden sich erheblich von den damaligen. Die ursprünglichen waren geprägt durch ihre Einfachheit und verfügten über ein nicht zu unterschätzenden politischen Einfluß, da die berühmtesten Familien ihre Kinder zum Trainieren in die bekanntesten Bothoans schickten. Die Bothoanmitglieder stellten in sich selber eine große Familie dar und setzten sich füreinander ein. Die Schüler lernten hier neben Lesen, Schreiben und Politik die Kriegführung sowie den Kampf mit und ohne Waffen.
Zwei Dinge jedoch lernten die Bothoanmitglieder von Anfang an:

**Disziplin und Demut.**

Beides waren unverzichtbare Forderungen, um in die Gemeinschaft aufgenommen zu werden. Nur wer Durchhaltevermögen, innere Stärke und Gehorsam bewies, konnte die nächsten Prüfungen bestehen und war in der Lage, später selbst zu unterrichten.

*Unser Leben führt uns mit raschen Schritten von der Geburt bis zum Tode. In dieser kurzen Zeitspanne ist es die Bestimmung des Menschen, für das Wohl der Gemeinschaft, deren Mitglied er ist, zu arbeiten.*

Friedrich der Große (1712 - 1786).

Disziplin ist insbesondere im Waffenkampf eine Grundvoraussetzung, ohne die ein sinnvolles, gefahrloses Training nicht denkbar ist.
Das beginnt bei der Pünktlichkeit, geht über Achtung und Fairneß den Partnern gegenüber bis hin zum Aufbau einer persönlichen geistig-mentalen Stärke, die es auch im Alltagsleben zu nutzen gilt.
Dazu gehört auch, eine Technik immer wieder zu üben, von der man meint, sie schon genügend trainiert zu haben, was aber noch lange nicht heißen muß, daß man sie auch perfekt beherrscht.
Dem Trainingspartner sollte stets mit dem Gefühl der Achtung und des Dankes entgegengetreten werden. Man trainiert aus Spaß am Sport, aus der Freude an geistig-mentalen Übungen und nicht, um seinen Partner zu vernichten.

Die wichtigsten Punkte, die man beim Erlernen des Stock- und Schwertkampfes beachten muß, sind:

- Disziplin,
- Demut,
- Achtung,
- Fairneß,
- Pünktlichkeit,
- Konzentration und
- geistig-mentale Stärke.

Abb. 21 Begrüßung mit einem Stock

Das Studium des Stockkampfes bedeutet permanente Arbeit. Ziel ist der nie enden wollende Verbesserungsprozeß an sich selbst. Das heißt auch, daß es Regeln gibt, die einem helfen, den Weg des Stockkampfes zu verstehen. Diese Regeln sind nicht zur Bevormundung aufgestellt worden, sondern zur Förderung von Einsicht und dem Verständnis, daß man tödliche Techniken mit oder ohne Waffe(n) erlernt, die es verantwortungsvoll einzusetzen gilt.

## *Der Ablauf des Trainings:*

1. Pünktliches Erscheinen.
2. Verbeugen beim Betreten der Halle als Respektbezeugung. Dies dient der Vorbereitung, der inneren Einstimmung und der Konzentration. Der Alltagsstreß wird wie ein Mantel an den Nagel gehangen, die Spannung des Tages kann endlich abgebaut werden.
3. Umziehen und eventuell Säubern/Aufbauen des Trainingsraums.
4. Gesamtbegrüßung zwischen Meister(n) und Schülern am Anfang des Trainings.
5. Aufwärmen der Muskulatur und Vorbereitung.
6. Kampfübungen.
7. Bei Partnerübungen begrüßt man sich am Anfang der Übung und am Schluß verabschiedet man sich voneinander und bezeugt so seinen Respekt ihm/ihr gegenüber.
8. Gesamtverabschiedung am Ende des Trainings.
9. Umziehen, eventuell Säubern/Abbauen des Trainingsraumes.
10. Das Verbeugen beim Verlassen der Halle dient der geistigen Entspannung und als Dank für Training und das Erlebte.

Es ist selbstverständlich, daß kein Schmuck getragen wird, da man sich oder andere damit verletzen kann. Korrektes Benehmen und saubere Kleidung sind ebenfalls selbstverständlich.
Die meisten vergessen den Respekt vor der Waffe, d. h. man sollte seinen Stock nicht einfach in die Ecke werfen oder ihn, wenn der Lehrer etwas erklärt, achtlos fallen lassen. Ein philippinischer Freund erklärte

mir das folgendermaßen: „Der Stock wird wie ein Freund gut behandelt, denn im Notfall soll er dein Leben retten." Wird der Stock durch ein Schwert oder Messer ersetzt, gelten die gleichen Regeln. Eine Waffe bedarf der Pflege. Abgesehen davon habe ich noch nie gesehen, daß jemand achtlos Schwerter oder Messer irgendwo hingeworfen hat. Bei einigen Kali-Stilen wird dem Stock ein Eigenleben, zumindest aber eine geheime Kraft zugesprochen. Dies resultiert aus einer Vermischung des katholischen Glaubens mit dem Glauben an Naturgeister. Für mich persönlich ist es einfach ein Ausdruck von Respekt und Achtung.

Abb. 22 Begrüßung mit einem Messer

**Begrüßungsformen**

Je nach Stil können verschiedene Begrüßungsformen auftreten. Es wird hier eine Auswahl der häufigsten Begrüßungsformen vorgestellt. Das Angrüßen vor oder nach einem Kampf heißt auf philippinisch *yuko*. Begrüßungen können generell auf drei Arten erfolgen:

- Ohne Waffe,
- mit einer Waffe,
- mit zwei Waffen.

Abb. 23 Begrüßung mit einer Waffe in Rewa-Haltung

Bei der Begrüßung *ohne Waffe* sind beide Füße parallel zueinander, der Körper ist aufrecht. Die Waffenhand wird dabei in Brusthöhe gehalten (siehe Abbildung 20). Die Verbeugung erfolgt so, daß der Oberkörper sich maximal 30 ° nach vorn neigt und der Blick nach vorn gerichtet ist. Höflichkeit ist wichtig, daß heißt jedoch nicht, daß die Aufmerksamkeit nachlassen darf.

Die Begrüßung mit einer *Waffe* ist der ohne Waffe sehr ähnlich. Beide Füße sind parallel zueinander, der Körper ist aufrecht. Die Waffe wird an der Seite des waffenlosen Armes senkrecht gehalten, der am Körper anliegt. Die Verbeugung erfolgt so, daß der Oberkörper sich maximal 30 ° vorneigt und der Blick nach vorn gerichtet ist.

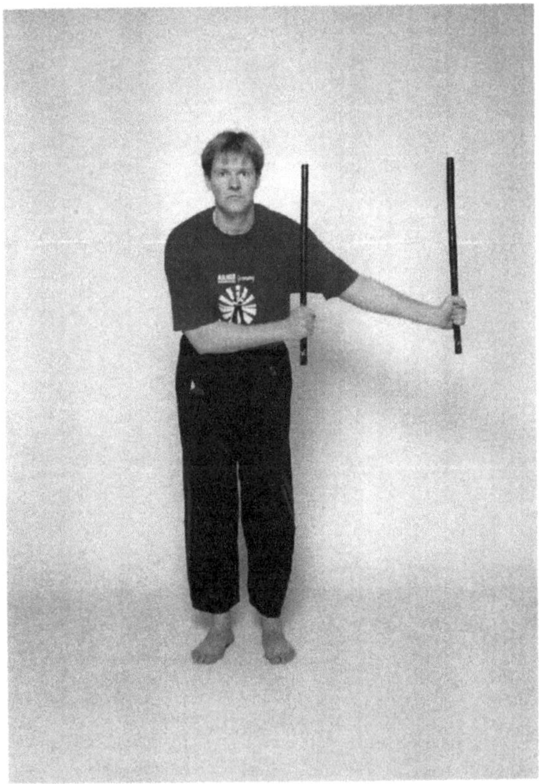

Abb. 24 Begrüßung mit zwei Stöcken

Bei der Begrüßung mit einer *Waffe in der Rewa-Haltung* (siehe hierzu Abbild. 23) erfolgt die Begrüßung ähnlich der Begrüßung ohne Waffe. Die Waffe liegt im 45°-Winkel schräg vor der Brust, dabei zeigt das lange Ende der Waffe nach unten. Die Verbeugung erfolgt so, daß der Oberkörper sich maximal 30° vorneigt und der Blick nach vorn gerichtet ist.

Auch bei der Begrüßung *mit zwei Waffen* stehen beide Füße parallel zueinander und der Körper ist aufrecht. Die eine Waffe wird mit gestrecktem Arm senkrecht gehalten, während die andere Waffe in Brusthöhe auf der Seite des gestreckten Armes gehalten wird (siehe Abbildung 24). Die Verbeugung erfolgt so, daß der Oberkörper sich

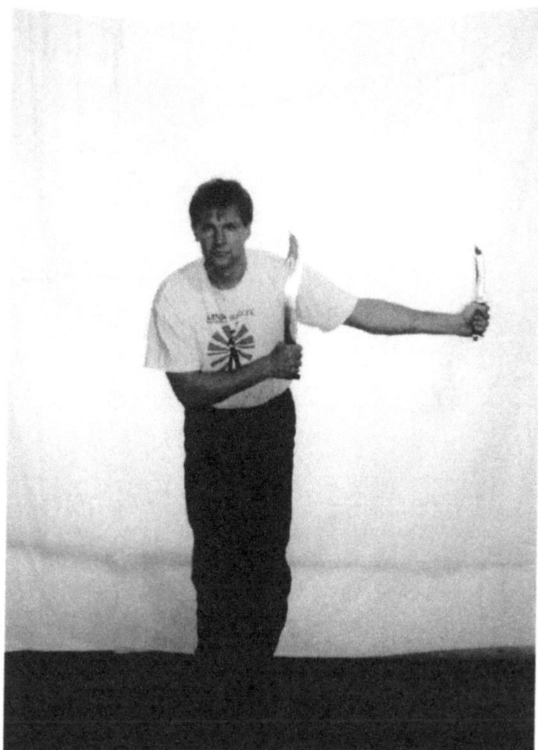

Abb. 25 Begrüßung mit Messer und Schwert

maximal 30 ° vorneigt, und der Blick nach vorn gerichtet bleibt. Die Waffen sollten dabei möglichst weiter senkrecht gehalten werden.

### *Andere Begrüßungsformen*

Bei der Begrüßung im Kali geht das Freie Bein einen Schritt nach hinten und (im Fall der waffenlosen Begrüßung) die Waffenhand als Faust an die Stirn, während die andere Faust hinter den Rücken genommen wird. Bei der Begrüßung mit Waffe zeigt die Stockspitze im 45 °-Winkel schräg nach unten auf die Stirn, während auch hierbei die Freie Hand hinter den Rücken genommen wird. Der Blick ist im 45 °-Winkel nach

Abb. 26 Andere Begrüßungsformen

unten gerichtet. Bekannte Stile mit dieser Begrüßungsform sind der Villabrille-Largusa-Stil und der von Dan Inosanto (siehe Kapitel 7.2).

Sikaran-Arnis Begrüßung
Hier wird die Waffe wie ein Säbel an der Seite senkrecht gehalten und danach erfolgt die Verbeugung. Die Füße stehen parallel zueinander.

## 4.2 Lehrer-Schüler-Verhältnis

Ein Punkt, den viele gern überlesen, der aber gerade in der Kampfkunst essentiell ist. Denn hier zeigt sich, wer verstanden hat, um was es geht. Es geht hier weder um Befehle noch um Tradition, sondern um Vertrauen und Treue.
Jeder Schüler sollte Spaß am Sport haben und dankbar sein, daß es jemanden gibt, der ihn beim Erlernen dieses Sportes unterstützt. Der Lehrer opfert Zeit, bringt Geduld auf und zeigt die wesentlichen Aspekte der Kampfkunst. Was aber noch viel wichtiger ist, er gibt jedem Schüler etwas von sich selbst. Man kann es in gewisser Weise mit der Erziehung der eigenen Kinder vergleichen. Man freut sich an jedem Fortschritt, den der Schüler macht, erlebt jede Niederlage mit, zeigt zum tausendsten Mal die gleiche Technik, damit sie endlich verstanden wird und sieht, welche Erfolge erzielt werden.

*Lehren ist wie das Leben, mal geht es auf, mal ab,*
*die Hauptsache man gibt nicht auf.*

Der Kampfsport verändert jeden Menschen. Dem einen gibt er Selbstvertrauen, dem anderen Spaß oder eine andere Lebenseinstellung und ein sicheres Verhalten. Jeder Lehrer investiert dabei auch einen Teil von sich selbst.
Von den Schülern wird erwartet, daß sie sich mit Eifer, aber auch mit Geduld in die Sache stürzen und dem Lehrer Respekt erweisen. Dies fällt einigen umso schwerer, je länger sie dabei sind. Insbesondere Schüler, die meinen, daß sie schon gut genug seien, stellen für den Lehrer eine persönliche Enttäuschung dar, an der er vielleicht selbst nicht ganz unschuldig ist.

Beim Training lernt man Menschen näher kennen, so daß man sich ein Bild vom Charakter des Einzelnen machen kann. Enttäuschungen bleiben dabei leider nicht aus. Beim Unterricht werden gerade die Besseren immer wieder einer Prüfung unterzogen, die sie zum Teil selbst nicht als Prüfung wahrnehmen, die aber den Gesamteindruck beim Lehrer abrunden. Das ist keine Willkür, sondern Verantwortung, denn aus dem Nachwuchs von heute sollen die Lehrer der nächsten Generation werden.

*Niemand ist vollkommen, aber stures Nachmachen,*
*eventuell sogar Falsches einzustudieren, darf nicht sein.*
*Bruce Lee*

Früher war die Beziehung zwischen Meister und Schüler familiär bis ans Lebensende. Daß dies in unserer heutigen Welt zwischen Lehrer und Schüler nicht mehr funktionieren soll, glaube ich nicht. Eine tiefe Freundschaft, Respekt oder Dankbarkeit für die ersten Schritte auf diesem Gebiet, auch wenn der Schüler den Lehrer überholt hat, sollten vorhanden sein.
Es gibt viele Kampfsportler, die sich von ihren einstigen Lehrern und Schulen getrennt haben und jetzt mit eigenen Schulen und einem eigenen Stil Training geben. Dies ist dem Sport nicht immer dienlich.
Seid kritisch und stellt Fragen an eure Trainer, aber versucht nicht, die Disziplin zu untergraben.
Unterrichtet werden, heißt kritisiert werden. Ein Schüler, der von sich meint, er habe genug gelernt und habe es nicht mehr nötig, auf Fehler hingewiesen zu werden, wird deshalb nicht mehr erscheinen. Unter Verwendung von Notlügen und Ausreden wird er aufhören, zum Unterricht zu erscheinen. Er hat das Gefühl: ,,Mein Lehrer behandelt mich falsch, zeigt mir zu wenig oder es geht mir zu langsam voran. Mein Lehrer bevorzugt andere bzw. weiß weniger als ich usw.'' Diese Liste könnte Seiten füllen. Daß jedoch die eigene innere Einstellung falsch ist, darauf wird nicht geachtet. Die beste Lösung in diesem Fall ist, mit dem Lehrer diese Punkte offen zu diskutieren.
Ein Lehrer sollte das Training für die besseren Schüler verschärfen und gerade hier seine Feile ansetzen, damit ein neuer Diamant entsteht. Allerdings sollte ein guter Trainer auch daran denken, daß ein Zuviel den Diamanten kaputt und die Feile stumpf macht.

Der Lehrer sollte niemals vergessen, daß auch er einmal Schüler war und sich dessen immer bewußt bleiben. Denn es ist wie bei vielem anderen auch hier so, daß beide Seiten — sowohl der Schüler, als auch der Lehrer — immer weiter dazulernen.
Der Lehrer beobachtet die Schüler, korrigiert sie und gibt ihnen neuen Stoff, wenn der alte beherrscht wird. Unterrichten heißt, auf beiden Seiten Verständnis zu zeigen.

## Aufwärmübungen und Wirbeltechniken

Das Aufwärmen dient der Verbesserung von Beweglichkeit, Ausdauer, Atmung, Koordination, Kraft und Leistung sowie der Schnelligkeit. Die Entwicklung der Muskeln und des Körpergefühls muß durch Dehnübungen gefördert werden. Die Dehnung bewirkt eine erhöhte Beweglichkeit der Gliedmaßen und eine gesteigerte Elastizität. Der Stoffwechsel wird intensiviert, die Muskulatur erwärmt sich und wird leistungsfähiger. Die gedehnten Muskeln werden durchlässiger für das Blut und die darin enthaltenen Stoffe (Sauerstoff, Nährstoffe). Es wird auch gleichzeitig gegen Verletzungen wie z. B. Muskelzerrungen, Muskelfaser- oder Muskelrisse vorgebeugt.
Im folgenden werden einige für den Stockkampf wichtige Aufwärmübungen aufgeführt. Für weitere Dehnübungen möchte ich auf spezielle Literatur verweisen. Aufwärmübungen sind vor allem im Winter sehr wichtig, da bei Kälte die Verletzungsgefahr besonders hoch ist.
Für alle Aufwärmübungen gilt, daß sie rechts und links durchgeführt werden sollten. Hier werden sie für die rechte Hand beschrieben.

Aufwärmübung 1
Dehnübungen mit dem Stock:
Der Stock wird an einem Ende gehalten und am anderen langsam nach unten gezogen.

Aufwärmübung 2
Bei der Eindrehtechnik wird ein Stockende in der Hand gehalten und mit geschlossenen Fingern durch Kreisen mit dem Handgelenk gedreht. Am Anfang ist die Kreisbewegung noch eckig, doch mit einiger Übung wird sie immer runder. Wichtig dabei ist, daß man nicht die

Finger öffnet. Es dreht sich dann zwar einfacher, doch bei einem Schlag gegen den Stock von einem Angreifer fällt der Stock aus der Hand.

Aufwärmübung 3
Bei der Z-Technik wird der Stock so durch die Luft geschlagen, daß man ein spiegelverkehrtes Z schreibt. In Kopfhöhe wird der Stock von rechts nach links geschlagen. Dann wird der Stock von links oben nach rechts unten zur Hüfte runtergezogen. Es folgt ein gerader, durchgezogener Schlag von der rechten Hüfte nach links.

Aufwärmübung 4
Eine gute Übung für Hände und Arme sind Liegestütze mit Stock. Dabei wird der Stock fest in den Händen gehalten. Die kurzen Stockenden werden auf dem Boden abgestützt und so Liegestütze gemacht.

Aufwärmübung 5
Eine schöne und effektive Übung stellen die Wirbeltechniken dar (siehe Abbildung 27). Dabei wird der Stock in die rechte Hand genommen, so daß das lange Stockende nach oben zeigt. Die rechte Hand legt den Stock hinter die rechte Schulter und das lange Stockende wird unter dem rechten Arm hindurch mit der linken Hand ergriffen. Mit einem Schlag schräg nach oben wird der Stock von rechts unten nach links oben herausgenommen. Jetzt legt die linke Hand den Stock mit dem langen Stockende hinter den linken Arm und die rechte Hand ergreift unter dem linken Arm den Stock. Nun schlägt die rechte Hand den Stock von links unten nach rechts oben. Danach wird wieder von vorn begonnen. Je flüssiger die Bewegungen, desto schöner und effektiver sind diese Wirbeltechniken.

## 4.4 Wahrnehmung des Gegners — aktives Sehen und Distanzgefühl

Die Wahrnehmung der Bewegungen des Gegners ist sehr wichtig für eine entsprechende Gegenaktion. Die Schulung der Augen bzw. das aktive Sehen und Erkennen von Aktionen und Bewegungen werden leider viel zu oft vernachlässigt.

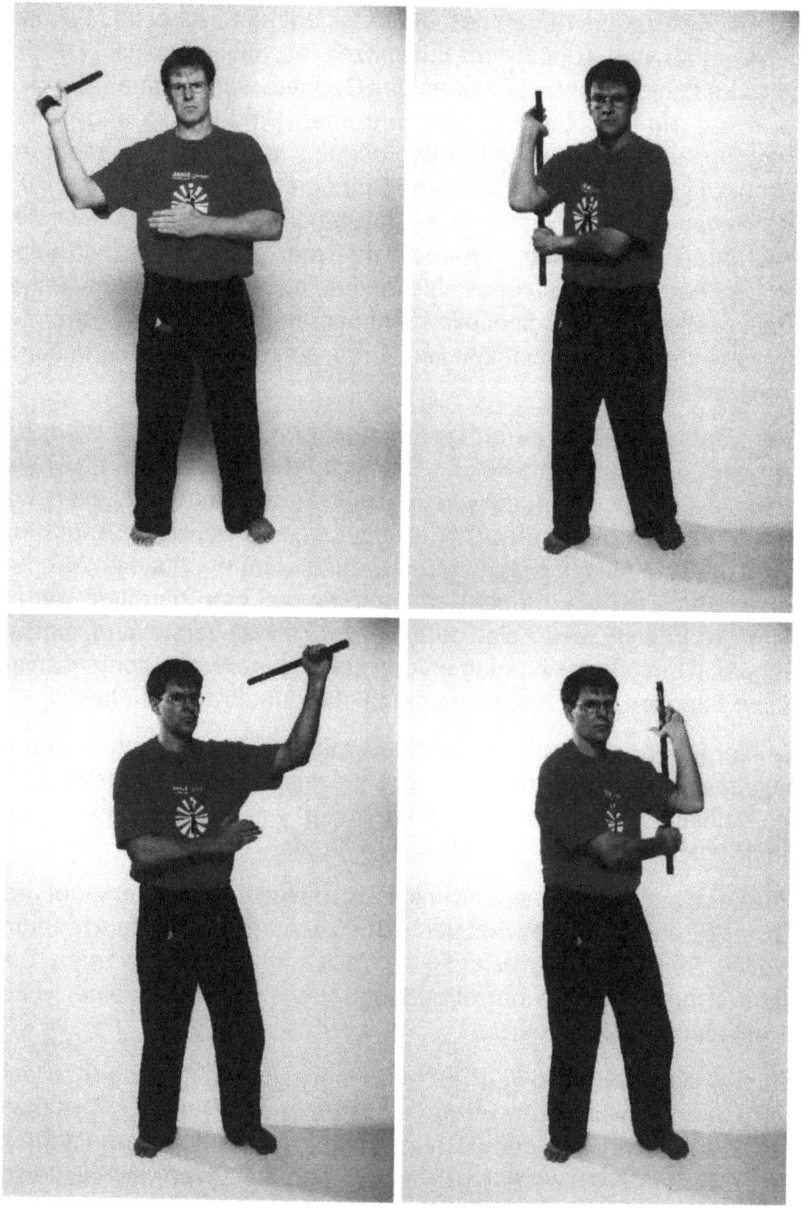

Abb. 27 Wirbeltechnik hinter dem Arm

Der Blick ist auf die Augen des Gegners gerichtet, wobei das Blickfeld den Gegner vom Kopf bis zur Fußspitze einschließen sollte. Der Blick soll jedoch nicht nur die Aktionen des Gegners wahrnehmen, sondern auch das Umfeld. Denn nur so kann man Hindernisse und weitere Angreifer wahrnehmen und entsprechend reagieren. Bei mehreren Gegnern spielt auch die Taktik und Strategie eine wichtige Rolle. *Aktives Sehen* kann und sollte jeden Tag trainiert werden. Was versteht man darunter? Es ist das Sehen, bei dem man erkennt, wie man selber vorzugehen hat bzw. welche Fehler andere machen. Das Erkennen von Kleinigkeiten und das schnelle Kombinieren dieser Vielzahl an Informationen zu einem Ganzen ist Voraussetzung für entsprechende Gegen-Maßnahmen.

Beim Trainieren sollte darauf geachtet werden, wie hoch der Stock des Gegners gehalten wird, welche Beinstellung er bevorzugt, ob er sich ablenken läßt etc.. Dadurch wird man mit der Zeit auch feststellen, welche Fehler man selbst macht. Viele glauben z. B. bei einem Angriff von oben, daß sie diesen Schlag gut abwehren können, doch in Wahrheit ist der Block zu niedrig oder zu hoch, so daß man getroffen werden kann. Im Training festigt sich dann mit der Zeit die Vorstellung, man sei gut, doch in Wirklichkeit reagiert der Trainingspartner automatisch auf diese Situation, d. h. beide machen Fehler und trainieren falsch.

Bei Turnieren kann man beobachten, wie die Gegner sich bewegen, welche Vorlieben sie haben und was sie falsch machen. Daraus sollte ein Schlachtplan für den eigenen Kampf entwickelt werden. Doch bedarf es hierzu eines gut trainierten Auges.

Ein einfacher aber wichtiger Punkt ist, daß meistens nicht erkannt wird, ob der Gegner den Stock mit der rechten oder der linken Hand benutzt. Aktives Sehen ist enorm wichtig und muß richtig trainiert werden. Dies kann in diesem Buch nur angedeutet, jedoch nicht in seiner vollen Breite vorgestellt werden.

Zum aktiven Sehen gehört es, ein Gefühl für Entfernungen zu entwickeln und zwar auch, wenn diese wechseln. Denn die Distanzen beim Stock-, Messer- oder Schwertkampf sind verschieden und müssen jeweils trainiert werden. Die natürlichen Distanzen wie Fäuste und Füße sind angeboren. Gegenstände, die man in die Hände nimmt, verändern jedoch die Distanz.

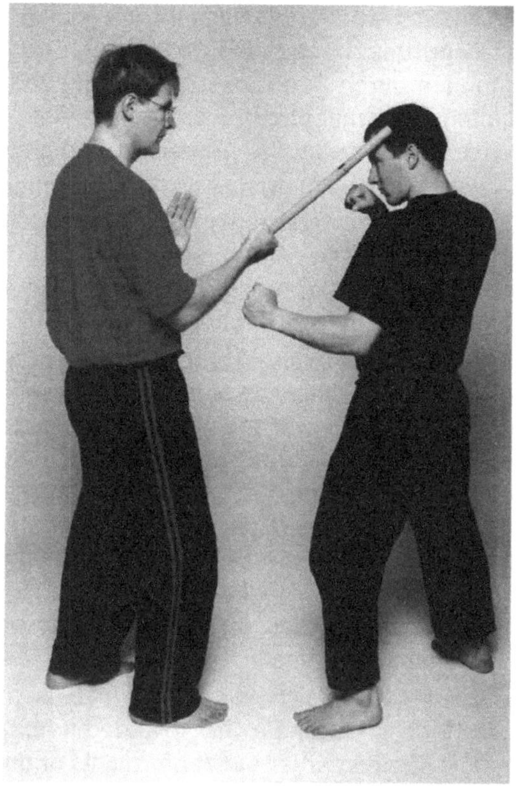

Abb. 28 Richtige Trefferzone (richtige Distanz, obere Spitze größte Kraft, größte Geschwindigkeit)

Die richtige Art und Weise, mit dem Stock zuzuschlagen, will gelernt sein. Ich bezeichne das als „Drei-Komponeten-Kleber", denn es muß auf drei Komponenten geachtet werden: Die richtige Distanz (zum Gegner), die Hebelwirkung (bzw. damit zusammenhängend die Geschwindigkeit) sowie auf die Trefffläche des Stockes. Es sollte stets mit dem äußersten Ende der Waffe getroffen werden, damit die größte Geschwindigkeit und Kraft mit dem Stock erreicht wird. Wenn der Stock trifft, soll die richtige Distanz zum Gegner, die richtige Geschwindigkeit und die volle Kraft beim Auftreffen gewährleistet sein.

Dadurch unterscheidet sich der Stockkampf von anderen Selbstverteidigungsarten. Denn unabhängig von der eigenen Körpergröße und Kraft kann man sich durch den Einsatz der Waffe sehr schnell und effektiv behaupten. Dies macht den Sport gerade für Frauen, Kinder und ältere Menschen zur optimalen Selbstverteidigung.

Ob im Tanz, bei der Musik oder im Kampf, immer ahmten die Filipinos die Natur nach, um mit deren Geistern in Harmonie zu leben. Die Filipinos glaubten an Naturgeister (*Anito*), aber auch an eine machtvolle Gottheit namens *Bathala*. Darin liegt noch heute ein Grund für die Mystik im Alltagsleben und in den Kampfkünsten.

Ein weiteres Beispiel ist das *anting-anting*. Die Bedeutung dieses Wortes kann Herz, Geist, Charisma, Mut, Entschlossenheit, innerste Gedanken und mehr sein. Es wird auch als ,,die Urkraft, die Quelle aller Dinge'' bezeichnet. Es ist die Urkraft des Menschen, die in Notsituationen unbewußt genutzt wird und die uns zu unglaublichen Leistungen befähigt. Der uralte Instinkt oder der unabänderliche Lebenswille in einem selbst ist die Quelle dieser Energie. Durch intensives Training soll es möglich sein, sich in die Quellen dieser inneren Kraft zu versenken und sie bewußt zu verwenden. Im Kampf kann man einen Zustand erreichen, in dem man dies alles erfaßt.

Wenige Kampfstile befassen sich heute noch mit diesem Teil der Ausbildung. Für die einen ist es Magie, für die anderen Aberglaube, doch einem ernsthaften Kampfsportler bleibt gar nichts anderes übrig, als sich damit auseinanderzusetzen, denn erst die Suche nach dem Weg zur Vollendung gibt einem Befriedigung und Perfektion.

Um sich ernsthaft mit der Materie des Stockkampfes zu befassen, muß auch dessen Geschichte und Mystik berücksichtigt werden. Schade ist, daß man heutzutage kaum noch jemanden auf den Philippinen findet, der einem Näheres davon erzählen kann.

Für viele sind die Philippinen das Land des Stockkampfes. Das stimmt, anderseits aber auch nicht. Die meisten denken, man reist zu den Philippinen und findet an jeder Ecke den Stockkampf, wie bei uns den Fußball, und jeder kann etwas darüber erzählen. Leider ist das nicht so. Man muß sich lange und gut vorbereiten, um wenigstens mit einigen Trainern in Kontakt zu kommen, und mehr über den Inhalt dieses Sportes zu erfahren. Lange Zeit wurde die einheimische Kultur vernachlässigt. Erst in den letzten Jahren versucht die philippinische Regierung, dies zu ändern — manche sagen zu spät. In der Tat, viele Meister und Kämpfer der alten Zeit gibt es nicht mehr und leider wurde sehr wenig in Schrift oder Bild festgehalten. Viele Techniken und insbesondere Inhalte sterben im wahrsten Sinne des Wortes. Um so mehr gilt es, die Stile und Verbindungen zu studieren und so weiterzugeben, daß in 100 Jahren noch eine nachvollziehbare Basis vorhanden ist.

## 4.5 Fußstellungen (Tindig) und Bewegungselemente beim Kampf

Für alle beim Arnis ausgeführten Techniken ist eine stabile Stellung die Grundvoraussetzung, sie sollte jedoch in keinem Fall statisch sein. Die Arnis-Techniken mit oder ohne Waffe benötigen eine gut ausgewogene, richtige Fußstellung sowie die dazugehörende Bewegungsmotorik.
Prinzipiell ist es egal, welche Stellung man einnimmt und wie sie heißt. Mein verstorbener Lehrer, Meister J. Cui Brocka, hat während einer Vorführung einmal gesagt:

*„Egal wie es aussieht, selbst wenn die anderen sogar lachen sollten, wichtig ist, den gewünschten Effekt zu erzielen".*

Gleichgültig, ob in Karate- oder Taekwondo-Stellungen oder in der Sumo-Position gestanden wird, wichtig ist das Gefühl für Gleichgewicht und ein schneller, sicherer Standwechsel.

Im Arnis Escrima Kali ist es wichtig, in Bewegung zu bleiben. Es kommt weniger darauf an, in tiefen starren und unflexiblen Stellungen zu verharren.

**TIP:** Immer den Druck auf den Gegner aufrecht erhalten, kein statischer Kämpfer sein, aber auch kein „Hin- und Hergehopse", klare und präzise Aktionen und stets am Gegner dranbleiben.

*Das Geheimnis des Sieges ist der Angriff. Stets angreifen. Wenn man zehntausend Mann hat, muß man angreifen. Wenn man nur zwei Männer hat, muß man ebenfalls angreifen. Es gibt immer einen Weg.*

(R. E. Lee, 1807 - 1880, General der Südstaaten)

## *Grundstellung*

Die Füße stehen parallel zueinander und schulterbreit auseinander. Der Oberkörper ist aufrecht. Der Waffenarm ist ca. 30 cm vom Körper entfernt und wird in leicht angewinkelter Position gehalten. Die andere Hand liegt mit leichtem Druck auf dem Brustbein. Die Kopf ist gerade, die Haltung aufrecht und der Blick in die Augen des Gegners gerichtet. Die Atmung sollte gleichmäßig, tief und entspannt sein. Eine Preßatmung oder kurzes und oberflächliches Atmen sollte vermieden werden. Der waffenlose Arm ist auf jeden Fall hinter dem Stock, so daß er sich in Sicherheit vor kurzen Schnappangriffen befindet.
Bei Linkshändern ist alles seitenvertauscht.

Die waffenlose Hand ist in der Grundstellung immer nach oben gerichtet und befindet sich in Brusthöhe (siehe Abbildung 29 + 38).
Dies hat **drei** gute Gründe:

- ☐ Zum einen dauert es viel zu lange, bei einer Abwehrreaktion die hängende Hand nach oben zu nehmen und dann zu blocken.
- ☐ Zum anderen kann bei einem falschen Block die Freie Hand zum Blocken verwendet werden, aber nur im Notfall, da in der Regel die Waffe härter ist als der Mensch.
- ☐ Ein weiterer Grund ist die Möglichkeit, den Stock bzw. die Hand des Gegners nach einem Block mit der eigenen waffenlosen Hand zu ergreifen und damit zu verhindern, daß diese weiter gegen einen verwendet werden kann (sog. Trapping).

Des weiteren besteht die Möglichkeit, den Gegner mit der Freien Hand zu entwaffnen.

Abb. 29 Grundstellung

### *Bewegungselemente*

Für das Training des richtigen Gehens und den entsprechenden Rhythmus ist das Bewegen im Dreieck hervorragend geeignet. Das Dreieck wird gebildet, indem 2 Stöcke zu einem Dreieck verbunden werden (siehe Abbildung 30).

Hierbei werden zwei verschiedene Bewegungselemente trainiert:

- Das Ausweichen nach rechts und links sowie
- der Angriffs- bzw. Verteidigungsausfall im 45°-Winkel nach vorn und hinten.

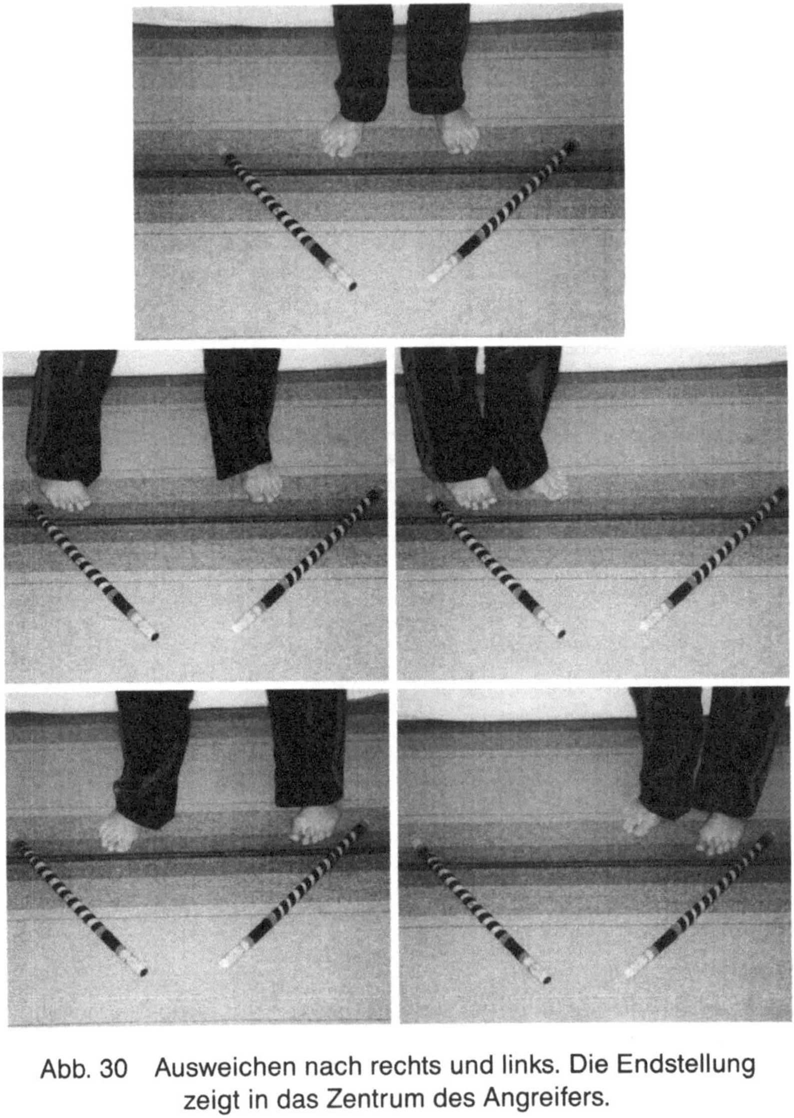

Abb. 30 Ausweichen nach rechts und links. Die Endstellung zeigt in das Zentrum des Angreifers.

Beide Bewegungselemente zusammen ergeben das Dreieck. Dabei kann wie in Abbildung 31 das Dreieck nach vorn oder wie in Abbildung 32 nach hinten geöffnet sein. Dem Dreieck wird in einigen Stilen eine magische Energie zugesprochen, bzw. es repräsentiert das gesamte Universum. Unabhängig von solchen Aussagen, sind die Bewegungselemente im Dreieck hervorragend geeignet, das Ausweichen und Angreifen zu trainieren. Viele Stile wie z. B. Serrada, Pekiti Tirsia, Gsiyam verwenden das Dreieck in ihren Bewegungsübungen und Kämpfen.

### *Ausweichen nach rechts und links*

Ausgangsposition ist die oben beschriebene Grundstellung. Es kann entweder nach rechts oder nach links ausgewichen werden. Erfolgt ein gerader Angriff von vorn, so wird z. B. nach rechts ausgewichen, indem erst der rechte Fuß leicht nach links eingedreht ca. 20 cm zur Seite gestellt wird, dann wird der linke Fuß nachgezogen. Die Endstellung ist so, daß der Körper wieder in der Grundstellung steht, allerdings zeigen die Füße und der Körper jetzt im 45 °-Winkel in Richtung des Angreifers. Das Ausweichen auf die linke Seite erfolgt analog, nur daß zuerst der linke Fuß zur Seite genommen wird und dann der rechte.

Beim Laufen am nach vorn geöffneten Dreieck ist die Anfangsposition an der Spitze (Abb. 31). Der rechte Fuß geht zum gegenüberliegenden Ende des rechten Stockes vor; dann folgt der linke Fuß. Danach geht der linke Fuß zuerst zurück, dann folgt der rechte Fuß. Aus der Ausgangsstellung geht nun der linke Fuß zur Spitze des linken Stockes; dann folgt der rechte Fuß. Danach geht der rechte Fuß zuerst zurück, dann folgt der linke Fuß. Diese Laufkombination kann mehrmals hintereinander geübt werden.

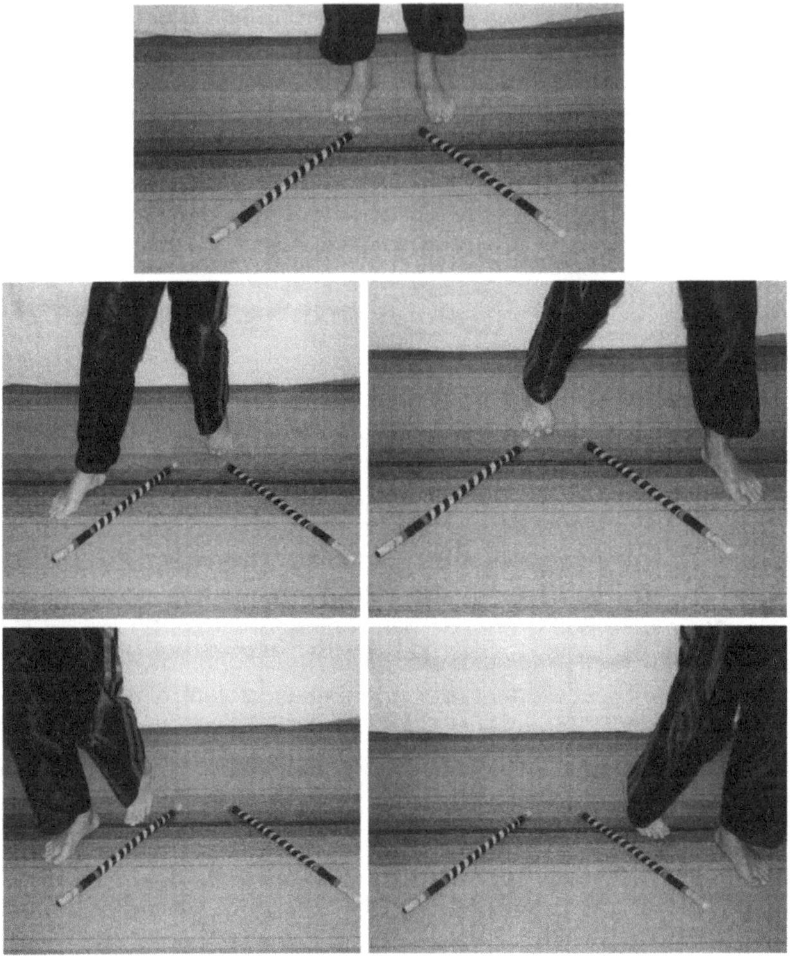

Abb. 31 Laufen am nach vorn geöffneten Dreieck

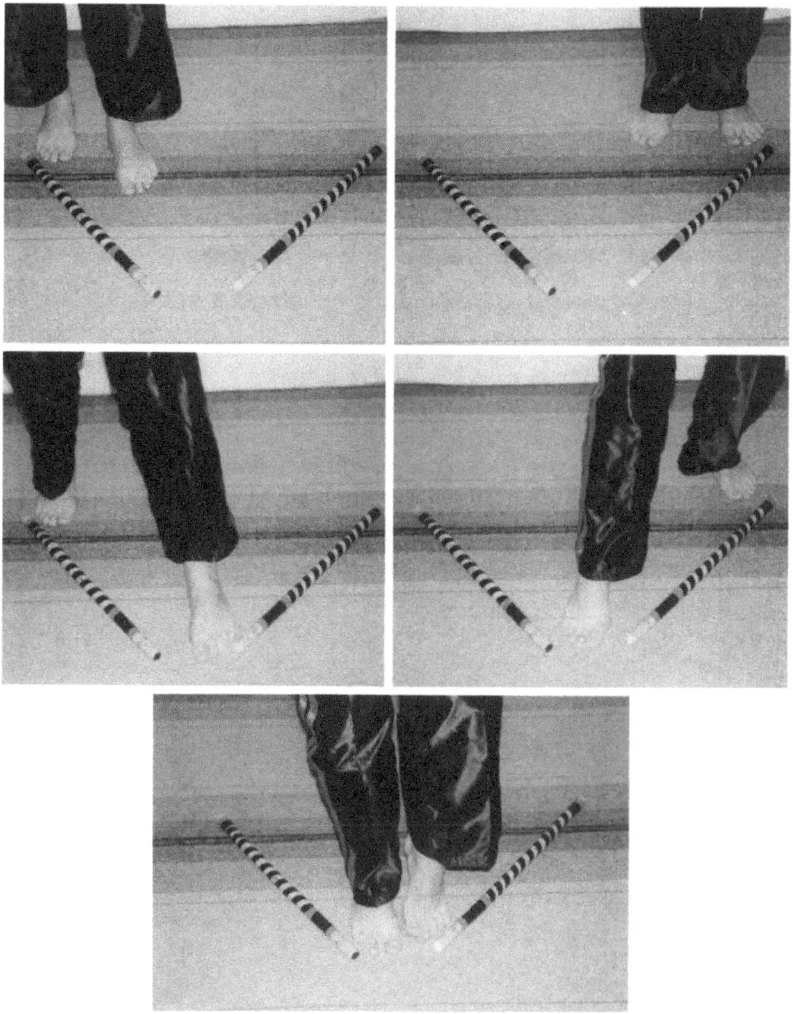

Abb. 32 Laufen im nach hinten geöffneten Dreieck

Beim Laufen im nach hinten geöffneten Dreieck stehen beide Füße parallel auf der linken Seite (siehe Abbildung 32). Der rechte Fuß wird zur Spitze des Dreiecks geführt und der linke Fuß nachgesetzt. Gleichzeitig läuft der rechte Fuß an die rechte Seite des Dreieckes vor und der linke folgt. Zurück beginnt der linke Fuß und geht nach hinten, der rechte wird nachgezogen und der linke wird an der linken Seite des Dreiecks vorn abgesetzt. Der rechte Fuß wird nachgezogen. Diese Laufkombination kann mehrmals hintereinander geübt werden.

Diese Dreiecksbewegungen können in beliebiger Kombination trainiert werden. Ein Beispiel hierfür ist das Laufen einer Strecke hintereinanderliegender Dreiecke. Hierbei wird die Strecke z. B. von links nach rechts und wieder zurück gelaufen.

**Fehler, die bei diesen Bewegungselementen häufig auftreten:**

- ☐ Die Beine stehen über Kreuz, das heißt man behindert sich selbst für eine nachfolgende Aktion. Immer einsatzbereit bleiben!
- ☐ Die Bewegungen erfolgen zu statisch.
- ☐ Die Füße stehen zu dicht aneinander und behindern nachfolgende Aktionen.

Abb. 33 Ausweichbewegungen aus der Grundstellung (X-Laufen)

## 4.6 Gesetzliche Bestimmungen

Jeder sollte sich mit den gesetzlichen Bestimmungen der Notwehr vertraut machen und sich vor Augen führen, welche Folgen eine Verletzung oder gar der Tod des Gegners für die eigene Person haben. Sowohl finanzielle Aspekte (Strafe, Schmerzensgeld, Rente) als auch eine Freiheitsstrafe (Gefängnis) sowie die nicht zu vergessenden moralischen Aspekte sind zu berücksichtigen.

Wichtig für den Kampfsportler sind die rechtlichen Bestimmungen. Hier die wichtigsten Paragraphen aus dem deutschen Strafgesetzbuch (StGB).

*§ 32 StGB:* (1) Wer eine Tat begeht, die durch Notwehr geboten ist, handelt nicht rechtswidrig.
(2) Notwehr ist die Verteidigung, die erforderlich ist, um einen gegenwärtigen Angriff von sich oder einem anderen abzuwenden.

*§ 33 StGB:* Überschreitet der Täter die Grenzen der Notwehr aus Verwirrung, Furcht oder Schrecken, so wird er nicht bestraft.
Überkommt den Verteidiger jedoch eine große Wut über den Angriff und überschreitet er dann die Grenzen der Notwehr, dann ist dies nicht entschuldigt (Gleiches gilt auch für Rache etc.).

*§ 223a StGB:* *Gefährliche Körperverletzung*
Ist die Körperverletzung mittels einer Waffe, insbesondere eines Messers oder eines anderen gefährlichen Werkzeuges, oder mittels eines hinterlistigen Überfalls oder von mehreren gemeinschaftlich oder mittels einer das Leben gefährdenden Behandlung begangen, so ist die Strafe Freiheitsstrafe bis zu fünf Jahren oder Geldstrafe.

Prinzipiell kann man davon ausgehen, daß Notwehr eine Verteidigungshandlung **rechtfertigt, falls:**

☐ Der Angriff rechtswidrig ist,
☐ der Angriff gegenwärtig ist, d. h. er steht unmittelbar bevor, hat gerade begonnen oder dauert noch an.
☐ Die Verteidigungshandlung erforderlich ist, d. h. objektiv dazu geeignet ist, einen Angriff und/oder eine Rechtsgutverletzung abzuwenden oder abzumildern.

Wichtig! Von mehreren wirksamen Mitteln ist das auszuwählen, das den geringsten Schaden anrichtet.

Im deutschen Rechtssystem gilt der Grundsatz des sogenannten „John-Wayne-Prinzips":

*„Das Recht muß dem Unrecht nicht weichen".*

Dem Notwehrausübenden ist nicht zuzumuten, dem Angriff um jeden Preis auszuweichen oder gar seine Rechtsgüter aufzugeben (z. B. beim Raubüberfall). Der Angegriffene darf innerhalb der Grenzen der Notwehr den Angriff beenden. Auch ist es nicht erforderlich, die Polizei oder andere staatliche Organe zu Hilfe zu rufen, es sei denn, diese sind sofort erreichbar und einsatzbereit.

**Ausnahme:** Bei Angriffen von Kindern, Geistesgestörten oder offensichtlich stark Betrunkenen wird vom Verteidiger verlangt auszuweichen. Gibt es keine Ausweichmöglichkeiten, hat er sich auf das bloße Abwehren der Angriffshandlungen zu beschränken. Gleiches gilt bei einem provozierendem Angriff (z. B. durch Beleidigungen).

Notwehr ist immer nur gegen den direkten Angreifer möglich. Wenn Rechtsgüter anderer Menschen beeinträchtigt werden, kann dies durch Notstand (§ 34 StGB) gedeckt sein.

Beispiel: A wird von B in einem Lokal angegriffen und verteidigt sich mit einem Stuhl (Eigentum des Gastwirts). Er schlägt nebenbei auch noch C nieder, weil der den Angreifer B angefeuert hat. Die Zerstörung des Stuhls wird eventuell durch Notstand gerechtfertigt, die Verletzung des C jedoch ist rechtswidrig.

Notwehr ist gemäß § 32 II StGB auch zugunsten eines Dritten zulässig (Nothilfe). Die Nothilfe darf aber nicht aufgedrängt werden!

**Voraussetzungen, daß eine Notwehrsituation auch wirklich vorliegt.**

Dies wird durch die Erläuterung der wichtigsten im Gesetz erwähnten Worte und durch Beispiele versucht zu verdeutlichen.
Für die Anwendung der Notwehr müssen folgende Punkte vorliegen:

## *Verletzung eines Rechtsgutes*

Notwehrfähig ist jedes Rechtsgut (Leben, Gesundheit, Eigentum, Freiheit, Ehre, Besitz, Vermögenswerte etc.).

## *Ein Angriff*

Ist jede vom menschlichen Willen getragene drohende Verletzung eines Rechtsguts. Kein Angriff liegt vor, wenn z. B. ein ohnmächtig gewordener Autofahrer auf einen Menschen zufährt.
Es liegt auch kein Angriff vor bei Bagatellfällen wie z. B. dem Anleuchten mit einer Taschenlampe oder leichtem Knuffen in die Seite. Hier ist vom Griff zur Waffe abzuraten.

## *Ein gegenwärtiger Angriff*

Das heißt, der Angriff steht unmittelbar bevor (ein Räuber zieht gerade die Pistole, um anzulegen), oder hat begonnen (der Räuber bedroht das Opfer und verlangt Geld usw.) oder der Angriff dauert noch an (der Räuber greift sich das Geld und rennt weg). Beendet ist ein Angriff erst, wenn er endgültig aufgegeben oder vollständig durchgeführt wurde. Daraus folgt, eine vorsorgliche Verteidigung gegen einen später drohenden Angriff ist nicht zulässig. Zum Beispiel: Die ängstliche A wird im dunklen Park von B nach der Uhrzeit gefragt und schießt ihm gleich ins Bein, weil sie sich angegriffen fühlt.

## *Eine Rechtswidrigkeit*

Der Täter verwirklicht einen Straftatbestand, ohne einen Rechtfertigungsgrund zu haben. (Andernfalls gilt man selbst als Angreifer.)

## *Einige Beispiele*

Bei einem Angriff mit bloßen Händen ist der Angreifer möglichst ebenfalls mit bloßen Händen abzuwehren. Hat der Verteidiger eine Waffe (z. B. ein Messer oder eine Pistole) und kann er sich nicht auf eine Abwehr ohne Waffe verlassen, muß er erst versuchen, den Angriff durch Drohen mit der Waffe oder z. B. mittels eines Warnschusses in die Luft zu beenden.
(Anmerkung des Autors: Jeder Combat-Ausbilder empfiehlt, eine Waffe nur zu ziehen, wenn man sie auch benutzt. Sonst ist die Gefahr, entwaffnet zu werden, zu groß.)
Erst wenn dies den Angreifer nicht weiter stört oder der gesamte Geschehensablauf zu schnell geht, ist ein Einsatz der Waffe gerechtfertigt. Das heißt jedoch nicht, daß man den Angreifer erschießen darf!

Wenn der Angreifer eine Waffe gebraucht, die eine sofortige und erhebliche Verletzung befürchten läßt, ist im Sinne der Notwehr der Einsatz einer Waffe erlaubt.

Rein rechtlich gesehen gilt für **Kampfsportler**, die sowohl umfangreiche technische Kenntnisse in der betreffenden Sportart haben als auch über Erfahrung im tatsächlichen Kampf verfügen, **ein strengerer Maßstab** im Rahmen der Erforderlichkeit. Ein Träger des schwarzen Gürtels, speziell in einer Waffenkampfsportart, aber auch in Karate, Kickboxen etc., darf erst dann zu einer Waffe greifen, wenn eine Abwehr mit bloßen Händen keine Aussicht auf Erfolg hat. Dies ist eine harte Rechtsprechung.

Notwehr liegt **nicht** vor, wenn:

- ☐ Dem Verteidiger der Verteidigungswille fehlt, d. h. er entweder von der Notwehrlage nichts wußte oder den Angriff absichtlich provoziert hat, sogenannter „versteckter Angriffswille".
- ☐ Die Verteidigungshandlung nicht geboten war, weil ein Ausweichen vor schuldlos Handelnden, z. B. Kindern, Geisteskranken usw. zuzumuten war, d. h. es entsteht keine sogenannte „Schimpfliche Flucht" oder es besteht zwischen dem drohenden Schaden und den Folgen der Verteidigungshandlung ein krasses Mißverhältnis. Berufung auf Notwehr wäre dann wegen Rechtsmißbrauchs unzulässig.

Beispiel 1: Ein im Rollstuhl sitzender Plantagenbesitzer schießt einen 10jährigen Jungen vom Baum, der gerade Äpfel stehlen will. Eine Notwehrlage liegt vor, jedoch ist die Ausübung des Rechts mittels Schrotflinte zur Abwehr mißbräuchlich, da unverhältnismäßig.

Beispiel 2: Jemand wehrt einen Angriff erfolgreich ab und schlägt aber noch mehrere Minuten lang auf den Angreifer ein und verletzt ihn (§ 33 StGB).

Uns interessiert im Zusammenhang mit der gefährlichen Körperverletzung (§ 223a StGB) insbesondere das Merkmal „Waffe" bzw. „gefährliches Werkzeug". Dieser Begriff umfaßt alle beweglichen Gegenstände, die gegen den menschlichen Körper benutzt werden, um ihn zu verletzen und die dazu auch nach Art der Verwendung geeignet sind.

**Wichtig:** Demnach sind nicht nur Waffen im technischen Sinne (wie Feuerwaffen, Messer, Totschläger, etc.) „gefährliche Werkzeuge". Auch Stöcke, Steine, Schuhe mit harter Sohle, so ziemlich jeder harte Gegenstand kann die Voraussetzungen des § 223 StGB erfüllen.

Es kommt auch auf die Handhabung des Gegenstands an. Ein Stift würde wohl nicht unter § 223a StGB fallen, als Stichwaffe gegen Weichteile jedoch schon.

Fazit: So ziemlich jeder Gegenstand kann ein gefährliches Werkzeug sein und zieht somit die Straffolgen des § 223 a (bis zu 5 Jahren Haft) nachsich.

Für Kampfsportler, aber auch für jeden anderen, sollten eigentlich immer folgende Grundregeln gelten:

1. Vermeide Streitigkeiten.
2. Strahle Ruhe und Selbstsicherheit aus, das verunsichert potentielle Angreifer.
3. Falls ein Kampf nicht zu vermeiden ist, schnell und präzise den/die Gegner kampfunfähig machen.
4. Dem/den Angreifer(n) falls nötig, sofort erste Hilfe leisten (wird auch vom Gericht entsprechend gewürdigt).

5. Polizei und Rettungswagen rufen und eventuelle Zeugen festhalten bzw. notieren.
6. Als erster gegen den/die Aggressor(en) Anzeige erstatten.

Das Wichtigste für Kampfsportler ist auch im Ernstfall die Beachtung der Gesetze und der moralischen Gesichtspunkte.

Merke! *Jeder vermiedene Kampf ist ein gewonnener Kampf!*

(Alte chinesische Weisheit aus dem Shaolin-Kloster)

## 4.7 Trefferregionen am Körper und ihre entsprechenden Angriffsbezeichnungen

Hier erfolgt eine Kurzbeschreibung der Angriffsmöglichkeiten in Form von Schlägen und Stichen. Die ausführlichen Beschreibungen der Angriffe 1 - 12 und die Erläuterungen der im Buch verwendeten wichtigsten Begriffe erfolgen im Kapitel 5.1.
Auf den Philippinen existieren eine Vielzahl von Stilen und damit verbunden eine Vielzahl an unterschiedlichen Schlagfolgen. Weltweit werden diese Schlagfolgen mit Zahlen gekennzeichnet. Die Angriffe sind je nach der Anzahl der Schläge in Nummernsysteme unterteilt. Demzufolge besteht das 6er System aus sechs unterschiedlichen Angriffsschlägen.
Die bekanntesten Numerierungen sind das 5er System, das 6er System, das 12er System und das 20er System. Am verbreitetsten ist das 12er und 6er System. Seltener werden das 9er und 30er System verwendet. Die Numerierung ist prinzipiell egal, wichtig ist die richtige Reaktion auf einen Angriff und die vorgesehene Trefferfläche. Die Numerierung soll nur als Hilfsmittel zur Übung der Schläge und Blöcke dienen.
Einige Stockkämpfer kommen mit 5 Schlägen aus, andere mit 12 oder mehr. Dies soll nicht werten, ob 6 Angriffe besser seien als 30, es soll nur zeigen, welche Vielfalt an Angriffen existiert. Zur besseren Wiederholung für Arnissportler sind hier tabellarisch 20 Angriffe aufgezeigt. Prinzipiell sollte darauf geachtet werden, daß man sich nicht an einem

Abb. 34 Die Winkel beim Stockkampf

dieser Systeme festbeißt, sondern versucht, soviele wie möglich zu beherrschen. Die meisten Systeme sind mit dem 20er System abgedeckt, da sie häufig nur eine unterschiedliche Reihenfolge der Angriffe verwenden. Bedingt durch die Anatomie des Menschen ergeben sich jeweils nur einige sinnvolle Winkel und Angriffsrichtungen für einen Angriff.

## *Alle Schlagwinkel*

Ein sehr feines System stellt das 9er System dar. Dieses System wird im Gsiyam-Stil verwendet. Dieser Stil geht davon aus, daß die beim Stockkampf vorkommenden Winkel auf neun begrenzt sind (siehe Abbildung 34). Alle weiteren Variationen sind Abwandlungen dieser neun Winkel. Viele Stile haben ihre Schlagsysteme aus Kampferfahrungen abgeleitet, so sind die oben erwähnten Systeme (5er, 6er, 8er, 9er etc.) entstanden. In Abbildung 34 sind die Winkel unabhängig von der Reihenfolge der Angriffe abgebildet.

Die unten aufgeführten Schläge geben nur ein kleines Repertoire der Vielzahl von Angriffsmöglichkeiten wieder. Es gibt weitaus mehr Angriffe, wenn man Angriffspunkte wie Hinterkopf, Achillessehne, Rückgrat, etc. hinzunimmt. Die im Buch genauer beschriebenen Angriffe beschränken sich auf die Angriffe 1 - 12. Die hier abgebildete Übersicht bietet dem fortgeschrittenen Leser eine einfache Möglichkeit, sich über die meisten Schläge zu informieren bzw. die verbleibenden Angriffe nachzuvollziehen und in das eigene Anwendungswissen zu übertragen. Für Linkshänder gelten die gleichen Trefferregionen.

**Angriffe 1-20 (Abb. 37)**

| **Angriffsbezeichnung** | **Schlagrichtung und Zielregion Abb. 37** |
|---|---|
| Schlag 1 | gerader Schlag auf die Region zwischen dem linken Schultergelenk (Deltamuskel) und Ellenbogengelenk. |
| Schlag 2 | gerader Schlag auf die Region zwischen rechtem Schultergelenk (Deltamuskel) und Ellenbogengelenk. |
| Schlag 3 | linkes Ellenbogengelenk bis zum Gesäßmuskel. |

| | |
|---|---|
| Schlag 4 | rechtes Ellenbogengelenk bis zum Gesäßmuskel. |
| Stich 5 | Bauchnabel bis Solarplexus. |
| Schlag 6 | rechte Kopfseite, wie Schlag 2, nur höher. |
| Schlag 7 | gerade Schlag gegen die linke Kopfseite. |
| Schlag 8 | Trefferfläche ist das Knie bis zum Fußgelenk, als schräger Schlag links ausholend von oben nach unten ausgeführt. |
| Schlag 9 | analog, nur von rechts ausgeholt. |
| Stich 10 | Stich gegen das gegnerische linke Auge, der Arm wird dabei angewinkelt. |
| Stich 11 | Stich gegen das gegnerische rechte Auge |
| Schlag 12 | Schlag von oben auf die Schädeldecke. |
| Stich 13 | Unterleib bis Kehlkopf, von unten nach oben ausgeführt. |
| Stich 14 | kurzer gerader Stich gegen die linke Brust. |
| Stich 15 | kurzer gerader Stich gegen die rechte Brust. |
| Schlag 16 | diagonal ausgeführter Schnitt auf das linke Schlüsselbein bis herunter zur rechten Hüfte. |
| Schlag 17 | diagonal ausgeführter Schnitt auf das rechte Schlüsselbein bis herunter auf die linke Hüfte. |
| Schlag 18 | diagonaler Schlag, der als Schnitt vorgestellt in die linke Hüfte eintritt und quer durch den Körper an der rechten Schulter wieder austritt. |
| Schlag 19 | diagonaler Schlag, der wie ein Schnitt ausgeführt wird, welcher in die rechte Hüfte eintritt und quer durch den Körper schneidet und an der linken Schulter wieder austritt. |
| Stich 20 | gerader Stich in den Genitalbereich. |

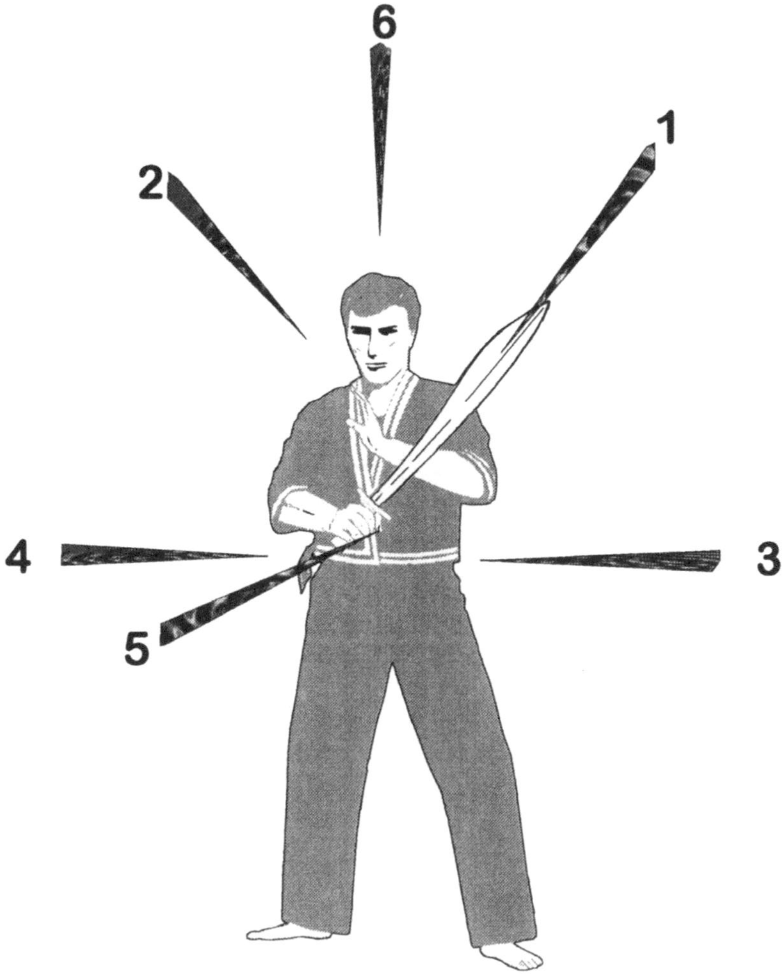


Abb. 35 6er System

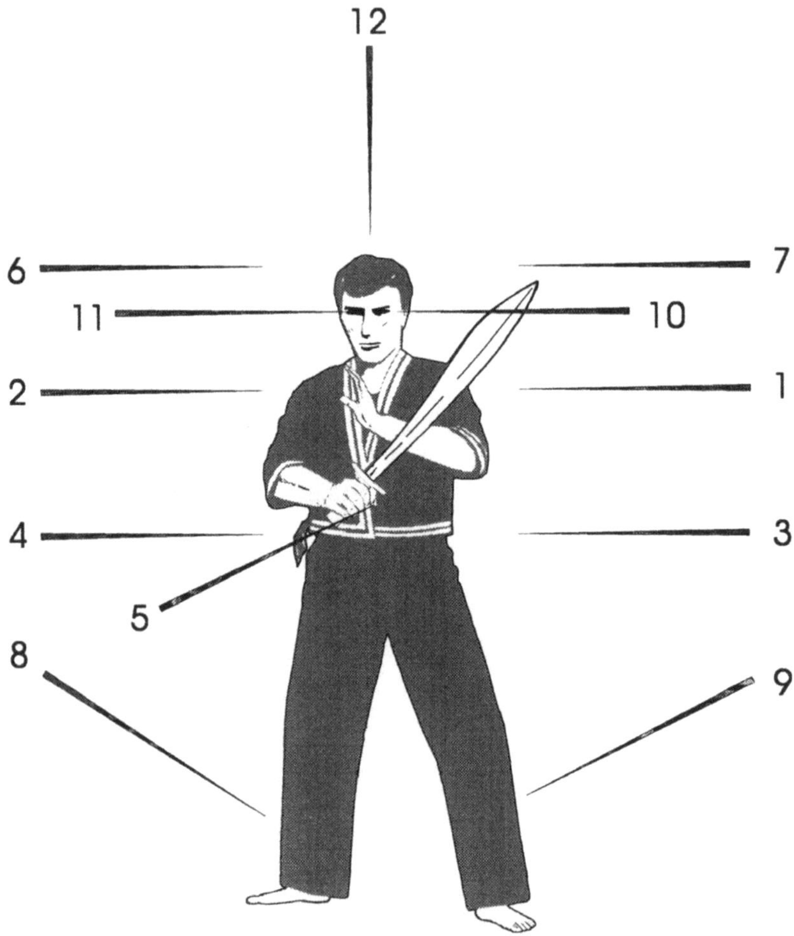


Abb. 36 12er System

# V. Die Techniken des Stockkampfes

Ziel dieses Kapitels ist es, sowohl neuen als auch erfahrenen Stockkämpfern Gelegenheit zu geben, die Techniken im Selbststudium zu erlernen, eventuelle Fehler zu korrigieren oder sich einfach nur in seinen Techniken bestätigt zu finden.

Das soll nicht heißen, daß die in diesem Buch beschriebenen Techniken das Nonplusultra darstellen. Aber es wurde größte Sorgfalt darauf gelegt, die vorgestellten Techniken sowohl in Textform als auch in Bildform möglichst prazise zu vermitteln und zu veranschaulichen. Die Erfahrung lehrt, daß durch die Kombination von beidem die Techniken einfacher erlernt werden können, so daß ich die Empfehlung gebe, sowohl den Text als auch die Fotos durchzuarbeiten, um so die optimale Sicherheit beim Erlernen der korrekten Techniken zu gewährleisten.

Wie bereits erläutert, waren die Filipinos jahrhundertelang gezwungen, sich jeweils gegen mehrere Gegner gleichzeitig effektiv zu verteidigen. Daher sind viele Arnis-Techniken gefährlich! Ich bitte daher eindringlich, nicht nur aus gesetzlichen, sondern vor allem aus moralischen Gründen, diese zum Teil gefährlichen Techniken nicht zu mißbrauchen bzw. falsch einzusetzen.

Die Techniken zeichnen sich durch einen ökonomischen Bewegungsablauf aus. Dabei ist die angemessene technische Ausführung von der Konstitution des Arnis-Sportlers (Gewicht, Kraft etc.) und den situativen Anforderungen (Bodenbeschaffenheit, Witterung) abhängig. Erleichtert wird das Ausführen der richtigen Technik durch vielseitige Bewegungserfahrung und eine präzise Bewegungsvorstellung (Teil des mentalen Trainings).

In vielen Stilen werden die Techniken anders numeriert, die Techniken an sich bleiben aber die gleichen. Für uns Stockkämpfer ist nicht die Nummerierung wichtig, sondern das präzise Schlagen und das Verständnis für grundlegende Bewegungen.

Abb. 37 20er System

## 5.1 Schlag 1-12 (Palo)

In diesem Kapitel werden 12 Grundschläge mit dem Stock genauestens beschrieben und durch Abbildungen verdeutlicht. Jeder Schlag wird in drei Komponenten zerlegt, um den Bewegungsablauf leichter nachvollziehbar zu machen. Die Ausführung soll dann aber später in einer flüssigen Bewegung ablaufen. Schlag wird auf philippinisch mit palo übersetzt.
Am leichtesten werden im Hinblick auf die Anatomie des Menschen die Schläge 12, 5 und 1 ausgeführt. Selbstverständlich werden diese Schläge einem sehr einfach vorkommen, jedoch bedarf es einiger Übung, sie korrekt auszuführen. Es geht hierbei nicht um das Zuschlagen, sondern um die korrekte Ausführung bzw. die saubere Distanzeinschätzung, den richtigen Winkel, mit dem der Schlag ausgeführt wird und die koordinierte Zusammenarbeit von Armen, Beinen, Atemtechnik und Geist.
Meine Empfehlung ist, diese Techniken unter der Anleitung eines erfahrenen Trainers zu erlernen.
Zum besseren Verständnis erfolgt eine kurze Definition der verwendeten Begriffe: Waffenbein, Waffenarm und Freie Hand.

- ☐ **Waffenarm:** Der Arm, mit dem die Waffe gehalten wird, bei zwei Waffen, der Arm, mit dem zuerst zugeschlagen wird (Waffenhand).
- ☐ **Waffenbein:** Das Bein auf der Seite des Waffenarmes wird als Waffenbein bezeichnet.
- ☐ **Freie Hand:** Die Nicht-Waffenhand, die trotzdem eine bedeutende Rolle spielt, da man mit ihr genauso arbeitet, Angriffe blockt, Stock oder Handgelenk greift, schlägt etc..

Die Techniken werden nach folgendem Schema vorgestellt:

| | |
|---|---|
| I **Grundstellung:** | Beide Partner stehen sich in der Grundposition gegenüber. |
| II **Schlagausführung:** | Dies wiederholt sich bei allen 12 Grundschlägen und besteht aus einer Bewegung der:<br>a) Beine<br>b) Arme (Ausholbewegung und Schlag)<br>unter Berücksichtigung |

- des Blickkontakts zu den Augen des Gegners sowie
- der Distanz und der Grundstellung

III **Zielregion:** Die Zielregion der Waffe und die Endstellung.

Dieses Schema durchzieht alle nachfolgend dargestellten Schläge. Bei allen Schlägen und Blöcken wird aus der Grundstellung gearbeitet (Abbildung 38).
Die Schläge sind für Rechtshänder beschrieben. Die Übertragung auf Linkshänder ist einfach, da die Zielregion die gleiche ist wie für Rechtshänder.

**Schlag 1**
Die Ausgangsposition ist die Grundstellung (Abb. 38). Das heißt, die Füße sind parallel, ungefähr schulterbreit auseinander. Der Waffenarm befindet sich vor dem Körper ungefähr in Bauchhöhe und die Freie Hand ist hinter der Waffe in Brusthöhe. Der Stock ist leicht nach vorne geneigt.
Aus der Grundstellung heraus erfolgt eine waagerechte Ausholbewegung mit dem Waffenarm auf der rechten Seite. Der Körper wird zur Unterstützung der Ausholbewegung leicht eingedreht. Gleichzeitig bewegt sich das Waffenbein einen Schritt nach vorn, so daß sich die Distanz zum Gegner verkürzt (siehe Abbildung 39).
Nun wird nach vorn auf die linke Seite des Gegners geschlagen. Die Zielregion des Schlages liegt zwischen Schultergelenk und Ellenbogen. Die Schlagbewegung ist gerade, d. h. der Stock ist parallel zum Boden. (Man sollte sich im Geiste vorstellen, daß man ein großes, scharfes Schwert hält und den Gegner mit einem geraden Schnitt durchtrennt. Das klingt zwar sehr makaber, stellt aber einen enormen Vorteil bei der Ausführung des Schlages dar). Während der ganzen Aktion bleibt die Freie Hand in Brusthöhe vor dem Körper.

Abb. 38 Ausgangsposition
(Beide stehen sich in der Grundstellung gegenüber)

Abb. 39 Ausholbewegung

Abb. 40 Zielregion bei Schlag 1

**Fehler, die hierbei häufig auftreten können:**

- ☐ Der Schlag wird falsch ausgeführt, d. h. die Waffe wurde nicht waagerecht geführt und das Handgelenk eingedreht, so daß man sich verletzt oder die Waffe verliert.
- ☐ Die Blickrichtung ist nicht nach vorn, sondern auf Stock oder Boden gerichtet.
- ☐ Die Freie Hand ist nicht oben (in Brusthöhe), sondern hängt nach unten. Sie ist zur Verteidigung, zum schnellen Greifen sowie zum Entwaffnen immer oben zu halten. Ansonsten dauert es zu lange, bis man die Freie Hand nach oben genommen hat.
  Die Freie Hand muß oben gehalten werden und darf nicht herunterfallen, dafür sprechen drei Gründe:

  1. Bei einem Block auf die falsche Seite ist immer noch die Freie Hand zum Abfangen da.
  2. Mit der Freien Hand kann nach dem Blocken zugegriffen werden (siehe Kapitel 5.3, Trapping), so daß der Angreifer mit seinem Stock nicht mehr agieren kann, während man selbst seinen eigenen Stock noch frei hat.
  3. Mit der Freien Hand kann der Gegner nach dem Blocken entwaffnet werden.

  Zusätzlich gelten mentale Gründe, die zu erläutern hier noch verfrüht wäre. Die drei oben genannten Gründe sollten ausreichen, warum die Freie Hand immer auf oder vor der Brust gehalten werden muß.
- ☐ Versucht, nicht zu übertreiben und eine verkrampfte Haltung einzunehmen. Seid locker und geht ganz natürlich.
- ☐ Es muß mit der äußersten Spitze des Stockes getroffen werden, wo die Hauptkraft ist, denn dort ist die Geschwindigkeit am höchsten, d. h. die Wirkung des Schlages am effektivsten.

Diese Fehler gelten genauso bei den Schlägen 2, 3, 4, 6 und 7.

**Wichtig!** Bei einem Angriff sollten Schlagarm und Waffenbein nach vorn gehen. Dies verkürzt die Distanz, verleiht eine größere Schlagkraft und erhöht die Stabilität, da beide Füße auf der Erde stehen und nicht nur die Zehenspitzen.

**Schlag 2**
Aus der Grundstellung (Abbildung 38) heraus erfolgt eine waagrechte Ausholbewegung mit dem Waffenarm auf der eigenen linken Schulterseite (Abbildung 41). Dann folgt der Schlag auf die rechte Seite des Gegners mit gleichzeitigem Schritt des Waffenbeins nach vorn. Die Zielregion des Schlages liegt zwischen Schultergelenk und Ellenbogen (siehe Abbildung 42). Stock und Arm sind beim Schlagen gerade und parallel zum Boden. (Man sollte sich wieder vorstellen, daß man den Gegner mit einem geraden Schnitt in der gleichen Schnittlinie wie bei Schlag 1 durchschneidet.)

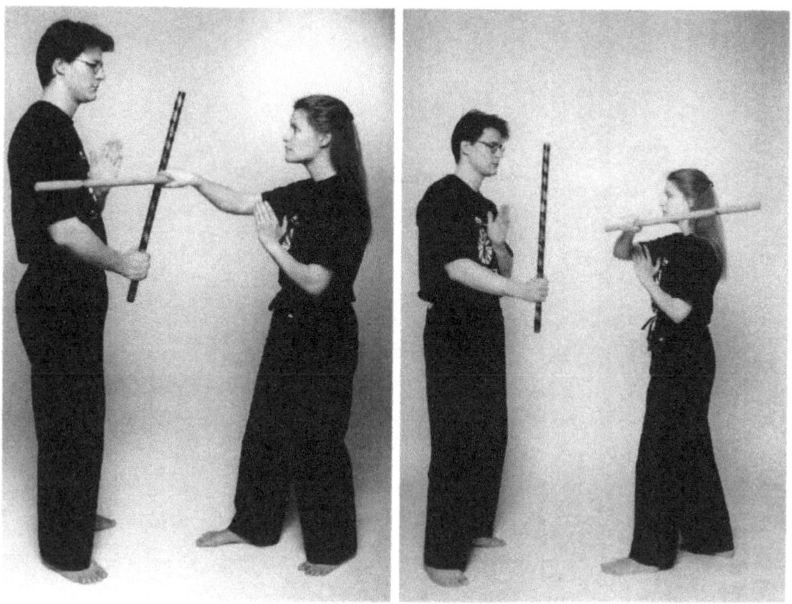

Abb. 41/42 Ausgangsposition,
Zielregion und Endposition bei Schlag 2

**Schlag 3**
Aus der Ausgangsposition (Abbildung 38) wird mit dem Waffenarm in Hüfthöhe waagerecht auf der rechten Seite ausgeholt. Das Waffenbein geht einen Schritt nach vorn (Abbildung 43) und gleichzeitig wird auf die linke Hüftseite des Gegners geschlagen, die Trefferregion liegt hierbei zwischen Taille und Beinansatz. Die Schlagausführung ist waagerecht ähnlich einem geraden Schnitt durch den gegnerischen Körper. Zielregion ist dessen linke Hüftseite.
Hier treten die gleichen Fehler auf wie bei Schlag 1.

Abb. 43/44 Ausgangsbewegung, Zielregion und Endposition bei Schlag 3

**Schlag 4**

Aus der Grundposition (Abbildung 38) heraus geht das Waffenbein einen Schritt nach vorn. Gleichzeitig wird mit dem Waffenarm eine waagerechte Ausholbewegung auf der linken Seite in Hüfthöhe ausgeführt und auf die rechte Hüftseite des Gegners geschlagen (Abbildung 46). Die Schlagausführung sollte auch hier waagerecht sein.

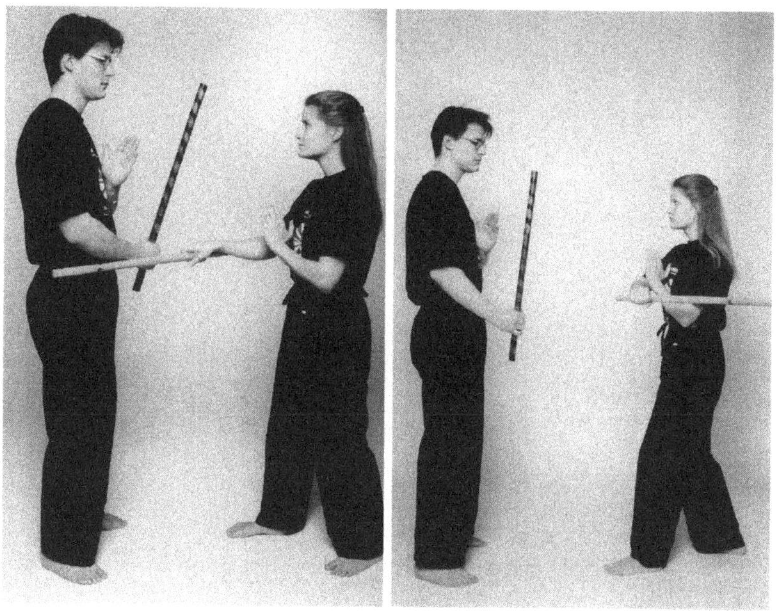

Abb. 45/46 Ausgangsposition,
Zielregion und Endposition bei Schlag 4

**Stich 5**

Aus der Grundposition heraus wird der Stock in Höhe der eigenen Hüfte nach hinten genommen, so daß das lange Stockende nach vorn zeigt (Abbildung 47). Der Stock befindet sich parallel zum Boden. Das Waffenbein wird nun nach vorn bewegt und es erfolgt ein waagerechter, gerader Stich mit dem Waffenarm auf den Bauch des Gegners. Die Zielregion des Stiches liegt zwischen Bauchnabel und Solarplexus (Abbildung 48).

Abb. 47/48 Ausgangsposition,
Zielregion und Endposition bei Stich 5

**Fehler, die oft bei Stichen auftreten:**

- ☐ Der Stock wird falsch gehalten, so daß man sein Handgelenk einknickt und sich selbst weh tut. Tip: Ein paarmal gegen einen Sandsack stechen.
- ☐ Das Waffenbein ist nicht vorn, man schränkt seine eigene Reichweite ein.

**Schlag 6**

Aus der Grundposition wird mit dem Waffenarm auf der linken Körperseite waagerecht in Kopfhöhe ausgeholt. Parallel dazu bewegt sich das Waffenbein nach vorn (Abbildung 49). Geschlagen wird waagerecht auf die rechte Kopfseite des Gegners.

Abb. 49 Zielregion und Endposition bei Schlag 6
Abb. 50 Ausgangsposition

### Schlag 7

Aus der Grundposition wird mit dem Waffenarm auf der rechten Seite in Kopfhöhe waagerecht ausgeholt. Parallel dazu bewegt sich das Waffenbein nach vorn (Abbildung 51). Zielregion ist die linke Kopfseite des Gegners, die mit einem waagerechten Schlag getroffen wird.

Abb. 51/52 Ausgangsposition,
Zielregion und Endposition bei Schlag 7

### Schlag 8

Aus der Grundstellung wird mit dem Waffenarm auf der eigenen linken Seite in Kopfhöhe waagerecht ausgeholt. Gleichzeitig geht das Waffenbein ein Schritt nach vorn. Es wird schräg nach unten seitlich auf die rechte Seite des vorderen Beins des Gegners geschlagen. Die Zielregion liegt zwischen Knie und Fuß. Man selbst befindet sich in einer tiefen Stellung (Abbildung 53).

Abb. 53 Zielregion und Endposition bei Schlag 8,
Abb. 54 Ausgangsposition

### Schlag 9

Aus der Grundstellung wird mit dem Waffenarm auf der rechten Schulterseite ausgeholt. Gleichzeitig geht man mit dem Waffenbein einen Schritt nach vorn und schlägt schräg nach unten auf die linke Seite des vorderen, gegnerischen Beins. Die Zielregion liegt zwischen Knie und Fuß (Abbildung 56).

Abb. 55/56 Ausgangsposition, Zielregion und Endposition bei Schlag 9

## Stich 10

Aus der Grundstellung bewegt sich der Waffenarm schräg nach oben auf die rechte Seite, so daß das kurze Stockende (Butt) nach hinten zeigt und das lange Stockende auf den Gegner gerichtet ist. Der Stock befindet sich parallel zum Boden. Gleichzeitig geht das Waffenbein einen Schritt nach vorn, wobei ein waagerechter Stich auf das linke Auge des Gegners ausgeführt wird (Abbildung 58).

Abb. 57/58 Ausgangsposition,
Zielregion und Endposition bei Stich 10

## Stich 11

Aus der Grundstellung bewegt sich der Waffenarm schräg nach oben auf die linke Seite, so daß das kurze Stockende (Butt) nach hinten zeigt und das lange Stockende auf den Gegner gerichtet ist. Der Stock ist waagerecht parallel zum Boden. Gleichzeitig wird mit dem Waffenbein ein Schritt nach vorn gegangen und ein waagerechter Stich auf das rechte Auge des Gegners ausgeführt.

Abb. 59 Zielregion und Endposition bei Stich 11
Abb. 60 Ausgangsposition

**Schlag 12**

Aus der Grundstellung (Abb. 29 + 38) holt der Waffenarm weit über dem Kopf aus. Mit dem Waffenbein wird ein Schritt nach vorn ausgeführt (Abbildung 61), der Schlag erfolgt senkrecht von oben nach unten auf den Kopf des Gegners (Abbildung 62). Getroffen werden sollte mit der äußersten Spitze des Stockes, denn hier ist die größte Wucht des Schlages.

Abb. 61/62 Ausgangsposition,
Zielregion und Endposition bei Schlag 12

### *Andere Schlagausführungen*

Abanikos sind schnelle Schläge aus dem Handgelenk, die in Fächerform ausgeführt werden, d. h. der Schlag kann waagerecht, senkrecht oder in schrägen Winkelschlägen in mehreren Schlagfolgen durchgeführt werden. Z. B. können die Schläge 1 und 2 in Abanikoform ausgeführt werden, indem sie mehrmals hintereinander in schneller Folge geschlagen werden. Bei entsprechender Geschwindigkeit sieht das dann wie ein Fächer aus.
Eine andere Form ist das Bati-Bati. Das Wort kommt von Baticulum, einem harten Holz, das als Ersatz des Bolos diente (siehe Fachbegriffe) und bezeichnet im engsten Nahkampf den Einsatz von Buttechniken.

## 5.2 Blöcke 1-12 (Sangga) und Gegenangriffe

Aufbauend auf Kapitel 5.1 werden hier die Verteidigungsaktionen auf die Angriffe beschrieben. Beim Training ist besonders zu beachten, daß ein Block **niemals** separat ausgeführt wird, sondern daß dem Block **immer** ein Gegenangriff folgen muß. Erst wenn diese Reaktion von Anfang an richtig eintrainiert ist, bekommt das Arnistraining seine volle Effektivität. Blöcke werden im Philippinischen mit *sangga* bezeichnet.

Beim Blocken muß man prinzipiell zur Seite ausweichen. Es existieren also vier Ausweichmöglichkeiten (siehe auch Kapitel 4.5 und Abb. 33).

1. Nach vorn rechts.
2. Nach vorn links.
3. Nach hinten rechts.
4. Nach hinten links.

Aus der Erfahrung, daß es am Anfang leichter fällt, einem Angriff nach hinten auszuweichen, werden die Bewegungen hier in dieser Form beschrieben. Generell ist es jedoch von Vorteil, nach vorn zu gehen, man spricht dann davon, „in den Angriff hereinzugehen".

Die Blöcke werden anhand von drei Bildern dargestellt:

I. Endposition des Angriffs bzw. Ausgangsposition des Blocks
II. Greifen des gegnerischen Stocks (Trapping, siehe auch Kapitel 5.3).
III. Gegenangriff.

Abb. 63 Gefahren durch falsches Blocken

Fehler, die häufig vorkommen:

- ☐ Die Hand muß immer wieder in die Grundposition genommen werden, sie darf nicht am Stock kleben bleiben.
- ☐ Der Daumen ist beim Blocken um den Stock gelegt. Verletzungsgefahr!
- ☐ Handgelenke und Ellenbogen sind nicht hinter dem Stock, d. h. es besteht Treffergefahr siehe Abb. 63.

- ☐ Der Stock sollte beim Blocken immer senkrecht gehalten werden, da der Schlag sonst gegen den Kopf hochrutschen kann oder die eigene Hand trifft.
- ☐ Die Freie Hand muß oben gehalten werden und darf nicht herunterfallen.
- ☐ Es wird richtig geblockt, aber der Gegenangriff vergessen. Niemals einen Block ohne Gegenangriff trainieren.
- ☐ Falsche Grundposition.
- ☐ Schlechte Fußhaltung.
- ☐ Es wird über Kreuz ausgewichen, d.h. die Beine behindern sich.
- ☐ Es wird falsch gegriffen. Um den gegnerischen Stock möglichst gut unter Kontrolle zu halten, empfiehlt es sich, den Stock nahe der gegnerischen Hand zu halten. Ansonsten kann zusätzlich zur gegnerischen Kraft auch das Hebelmoment gegen uns wirken.
- ☐ Schlechte Handhaltung.
- ☐ Man besitzt eine Lieblingsseite, d. h. man weicht immer nur nach einer Seite aus.
- ☐ Kein kontinuierlicher Augenkontakt.

**Block 1 gegen Schlag 1:**
Aus der Grundposition werden zwei gegenläufige Bewegungen gleichzeitig ausgeführt. Zum einen wird der senkrecht zu haltende Stock mit Unterstützung der Freien Hand der von links angreifenden Waffe entgegengedrückt. Die Freie Hand befindet sich dabei eine Handbreite über der eigenen Waffenhand und ist flach hinter dem Stock. Der Körper ist in Richtung des angreifenden Stockes eingedreht.

Zum anderen wird das Waffenbein mit einem Schritt nach hinten im Winkel von 45° abgesetzt (Abbildung 64). Dann wird der gegnerische Stock mit der Freien Hand rechts am eigenen Stock vorbei ergriffen. Gegriffen wird immer in Richtung der gegnerischen Hand (siehe Kapitel 5.3). Gleichzeitig wird der gegnerische Stock zu unserer linken Seite gezogen und mit der eigenen Waffe gegen die Rippen des Gegners geschlagen.
Die Blöcke 1, 3 und 7 sind sehr ähnlich.

*Der Stock ist dein Felsen, hinter dem du dich verstecken mußt, um nicht getroffen zu werden.*

(Meister Brocka)

Abb.64 Ausgangsposition Block 1

Abb. 65/66 Greifen des gegnerischen Stockes und Gegenangriff

**Block 2 gegen Schlag 2**

Aus der Grundposition werden zwei gegenläufige Bewegungen gleichzeitig ausgeführt. Es wird zum einen der senkrecht zu haltende Stock

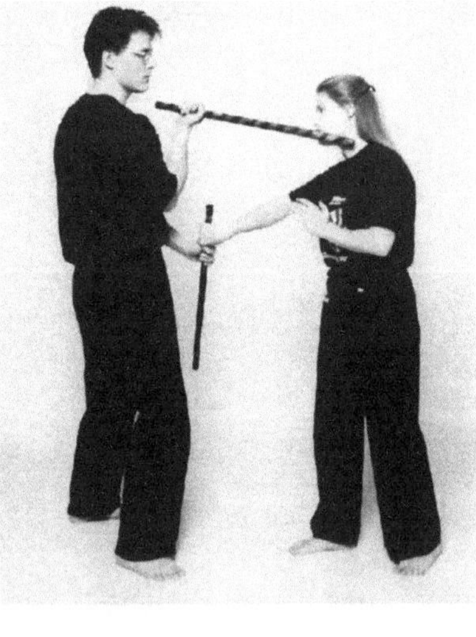

Abb. 67-69 Ausgangsposition Block 2, Greifen des gegnerischen Stockes, Weiterführen und Gegenangriff

mit Unterstützung der Freien Hand der von rechts angreifenden Waffe entgegengestreckt, der Körper wird dabei der Waffe zugewandt. Zum anderen wird das linke Bein im Winkel von 45 ° nach hinten abgesetzt. Der gegnerische Stock wird dann mit der Freien Hand links am eigenen Stock vorbei direkt an der gegnerischen Waffenhand ergriffen und zur eigenen rechten Hüfte heruntergezogen; parallel dazu wird mit der eigenen Waffe ein Schlag gegen Körper oder Kopf des Gegners ausgeführt.

**Block 3 gegen Schlag 3**

Aus der Grundposition wird der rechte Fuß in einem 45 °-Winkel nach hinten versetzt und gleichzeitig der senkrecht gehaltene Stock mit Unterstützung der Freien Hand dem auf die eigene linke Hüfte zielenden Schlag des Gegners entgegengestreckt. Dabei ist die gesamte Beinstellung tiefer, der Oberkörper bleibt aufrecht.
Der gegnerische Stock wird dann mit der Freien Hand am eigenen Stock vorbei an der gegnerischen Waffenhand ergriffen. Daraufhin wird gleichzeitig die gegnerische Waffe zu unserer linken Hüfte gezogen und ein Gegenangriff gegen die Brust des Gegners gestartet.

Abb. 70 Ausgangsposition Block 3

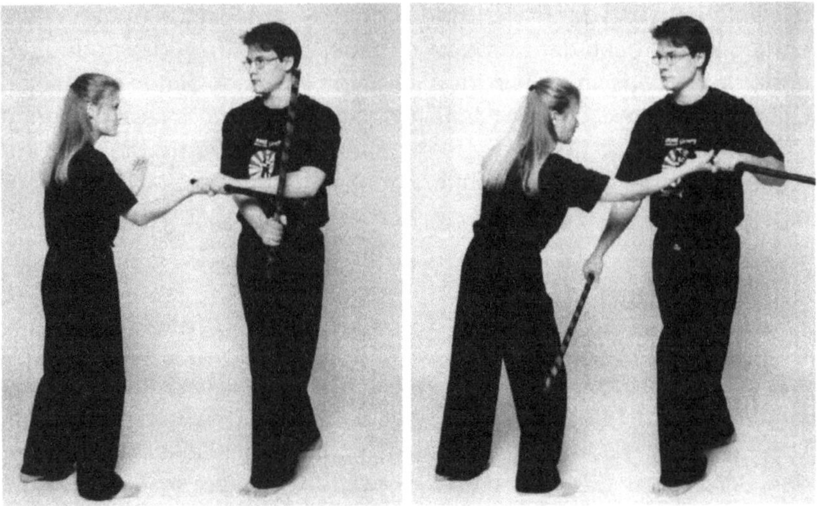

Abb. 71/72 Greifen des gegnerischen Stockes und Gegenangriff

**Block 4 gegen Schlag 4**

Ausgehend von der Grundposition werden zwei gegenläufige Bewegungen gleichzeitig ausgeführt. Es wird zum einen der senkrecht zu haltende Stock mit Unterstützung der Freien Hand der von rechts angreifenden Waffe entgegengestreckt. Zum anderen wird das linke Bein in einem 45 °-Winkel nach hinten abgesetzt. Dabei ist die gesamte Beinstellung tiefer, der Oberkörper bleibt aufrecht.

Der gegnerische Stock wird mit der Freien Hand am eigenen Stock vorbei an der gegnerischen Waffenhand ergriffen und zur eigenen rechten Hüfte gezogen. Parallel dazu wird mit der eigenen Waffe z. B. ein Schlag gegen den Kopf ausgeführt.

Abb. 73 Ausgangsposition Block 4

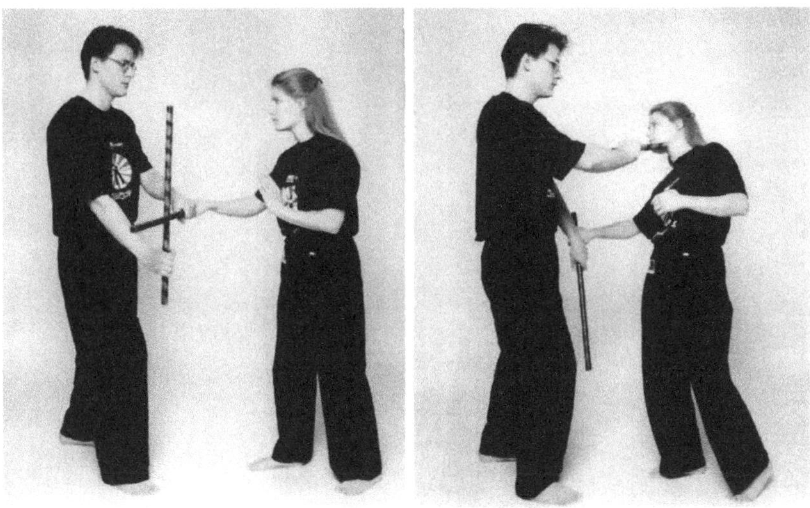

Abb. 74/75 Greifen des gegnerischen Stockes und Gegenangriff

**Block 5 gegen Stich 5**

Diesen Block kann man auf zwei Arten ausführen, so daß hier unterteilt wird in Block 5a und in Block 5b. Man kann nach links oder nach rechts ausweichen. Dies spielt insofern eine Rolle, da in der Natur Hindernisse verschiedener Art vorkommen und man so gezwungen ist, sich der Umgebung entsprechend zu bewegen. Daher keine Lieblingsseite eintrainieren! Die Erläuterungen sind für Rechtshänder beschrieben, aber auch für Linkshänder einfach nachvollziehbar.

**Block 5a**

Aus der Grundposition heraus wird ein Stepschritt mit dem rechten Bein in einem 45°-Winkel nach rechts vorn ausgeführt und das andere Bein nachgezogen, um der gegnerischen Waffe auszuweichen. Die Hüften und der Oberkörper werden dabei zum Gegner leicht eingedreht.

Gleichzeitig wird der Stock auf die rechte Seite genommen, so daß das kurze Stockende (Butt) senkrecht nach oben zeigt und das lange Stockende auf den Boden gerichtet ist. Der Stock ist in Hüfthöhe. Die angreifende Waffe wird mit dem eigenen Stock mit Unterstützung der Freien Hand nach links weggedrückt. Die Freie Hand ergreift unter dem eigenen Arm hindurch den Stock des Gegners. Gegriffen wird immer

Abb. 76 Ausgangsposition Block 5a

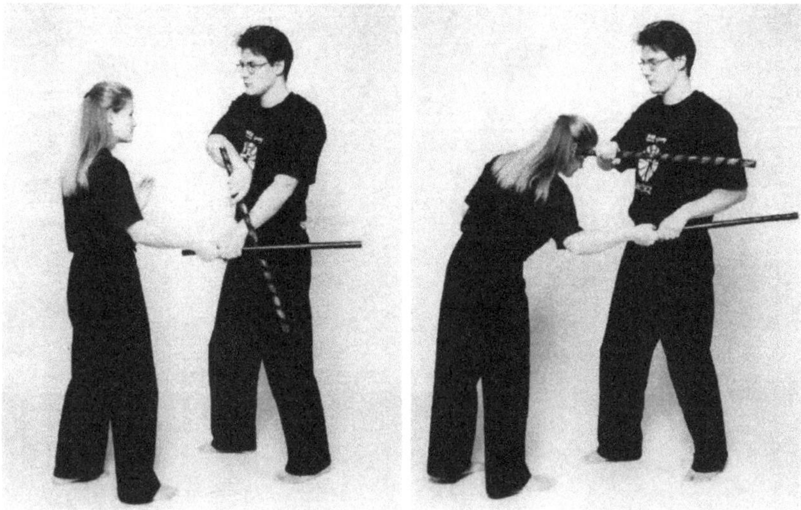

Abb. 77/78 Greifen des gegnerischen Stockes und Gegenangriff

in Richtung der gegnerischen Hand. Nun wird in einer gegenläufigen Bewegung zum einen am Stock des Gegners gezogen, um ihn aus dem Gleichgewicht zu bringen oder zumindestens durch den Ruck abzulenken. Zum anderen wird ein Gegenangriff mit dem eigenen Butt gegen den Hals des Gegners durchgeführt. Dabei wird mit dem Waffenbein ein Schritt nach vorn gegangen.

**Block 5b**

Aus der Grundposition heraus wird mit dem linken Bein in einem 45 °-Winkel nach links vorn ausgewichen und das Waffenbein nachgezogen. Gleichzeitig wird mit dem Stock auf der linken Seite ausgeholt und nach unten auf die angreifende Waffe oder (noch besser) gegen die gegnerische Waffenhand geschlagen. Getroffen werden sollte mit der Spitze des Stockes. Der gegnerische Stock wird nicht gegriffen.

**Häufige Fehler hierbei sind:**

- ☐ Man weicht nicht richtig aus, d. h. die Beine stehen über Kreuz und behindern einen selbst.
- ☐ Es wird in Stoßrichtung ausgewichen, siehe Abb. 80.

Abb. 79 Ausgangsposition Block 5

Abb. 80 Falsches Ausweichen

**Wichtig!** Stiche sind in Stoßrichtung gefährlich! Das bedeutet, daß man nicht in Stoßrichtung nach hinten ausweichen darf, sondern zur Seite gehen muß. Besonders anschaulich bei Messerstichen! (Siehe Abbildung 80)

**Block 6**

Aus der Grundposition heraus werden zwei gegenläufige Bewegungen gleichzeitig ausgeführt. Es wird zum einen der senkrecht zu haltende Stock mit Unterstützung der Freien Hand der von rechts angreifenden Waffe entgegengestreckt, zum anderen geht das linke Bein nach hinten. Der gegnerische Stock wird mit der Freien Hand direkt an der gegnerischen Waffenhand ergriffen und zur eigenen rechten Hüfte heruntergezogen, parallel dazu wird mit der eigenen Waffe ein Schlag gegen den Kopf ausgeführt (ähnlich Block 2, nur höher).

Abb. 81 Ausgangsposition Block 6

Abb. 82/83 Greifen des gegnerischen Stockes, Gegenangriff

**Block 7**

Auch hier werden aus der Grundposition heraus zwei gegenläufige Bewegungen gleichzeitig ausgeführt. Der senkrecht zu haltende Stock wird mit Unterstützung der Freien Hand der von links angreifenden

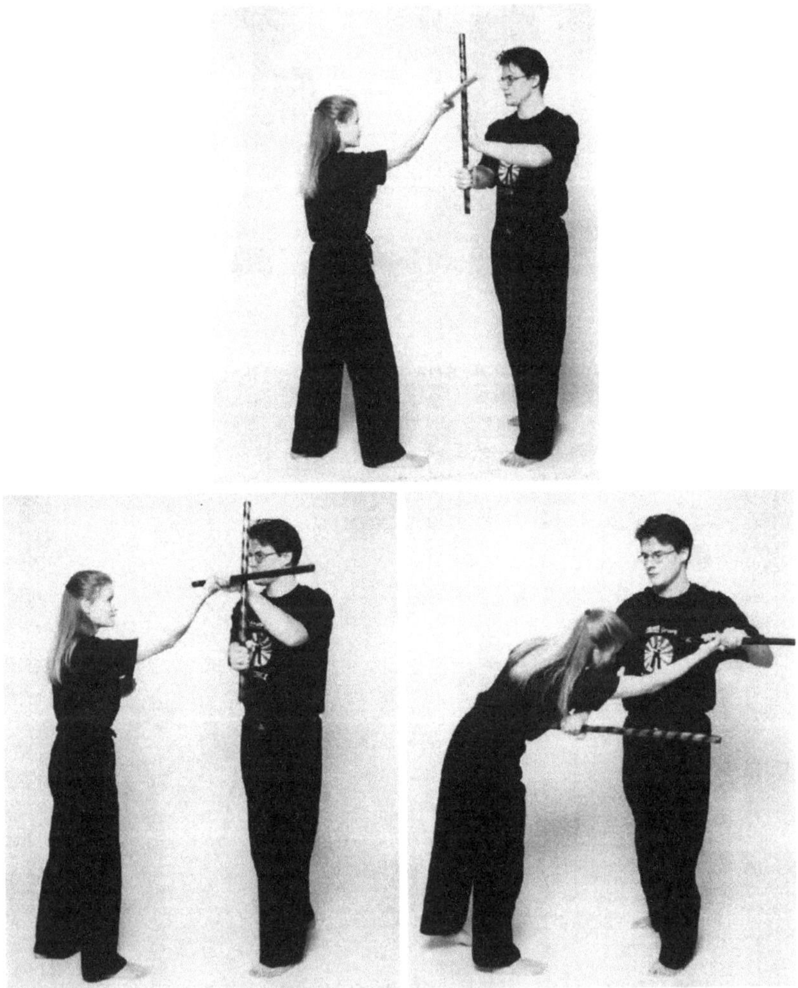

Abb. 84-86 Ausgangsposition Block 7, Greifen des gegnerischen Stockes, Gegenangriff

Waffe entgegengestreckt und gleichzeitig geht das Waffenbein nach hinten. Der gegnerische Stock wird mit der Freien Hand ergriffen, und gleichzeitig wird am gegnerischen Stock gezogen und mit der eigenen Waffe gegen die Rippen des Gegners geschlagen (ähnlich Block 1, nur wird der Stock höher gehalten).

**Block 8**

Block 8 wird genauso ausgeführt wie der Schlag 8. Es sollte im Idealfall kein Unterschied zwischen Angreifer und Verteidiger erkennbar sein. Der Verteidiger sollte darauf achten, daß der Winkel nicht zu steil ist. Am besten versucht man, das gegnerische Bein schneller als der Angreifer zu treffen. Die Freie Hand greift den gegnerischen Stock von oben. Der gegnerische Stock wird zur Hüfte gezogen und gleichzeitig erfolgt ein Gegenangriff.

Abb. 87 Ausgangsposition Block 8

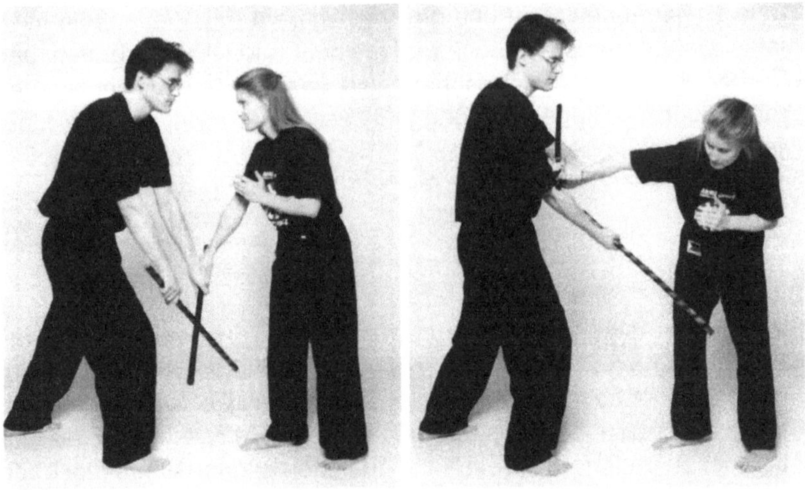

Abb. 88/89 Greifen des gegnerischen Stockes, Gegenangriff

**Block 9**
Der Block 9 wird genauso ausgeführt wie der Schlag 9. Auch hier sollte im Idealfall kein Unterschied zwischen Angreifer und Verteidiger erkennbar sein. Der Verteidiger sollte darauf achten, daß der Winkel nicht zu steil ist. Auch hier sollte das Ziel sein, das gegnerische Bein schneller zu treffen als der Angreifer. Der gegnerische Stock wird von oben gegriffen und zur Hüfte gezogen. Gleichzeitig wird mit dem Butt oder dem langen Stockende ein Gegenangriff durchgeführt.

Abb. 90 Ausgangsposition Block 9

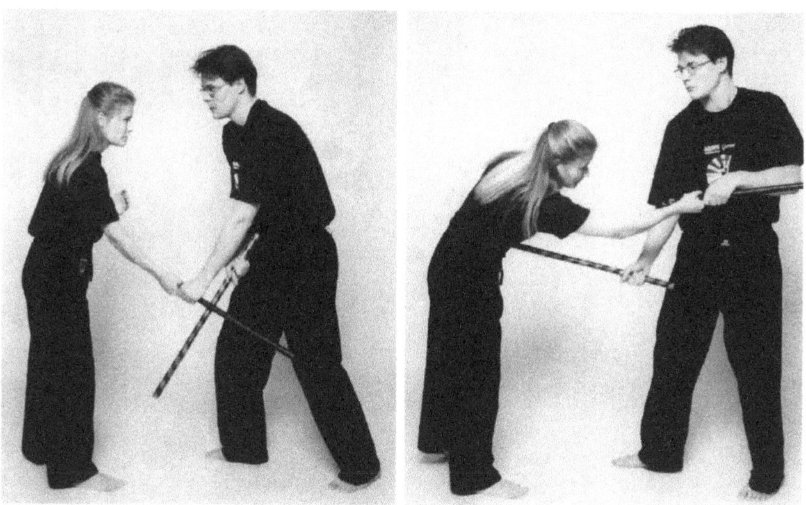

Abb. 91/92 Greifen des gegnerischen Stockes, Gegenangriff

**Block 10**

Dieser Block ist ein Fegeblock von rechts nach links. Dabei wird die Waffe senkrecht gehalten. Mit dem rechten Bein wird im 45°-Winkel nach rechts vor gegangen, der Körper wird dabei dem Gegner entgegengedreht. Die Waffe wird in einer Fegebewegung mit Unterstützung der Freien Hand gegen den Stich geschlagen. Der blockende Stock sollte den Kopf decken. Die Freie Hand greift das gegnerische Handgelenk und man führt einen Gegenangriff z. B. mit dem Butt unter die Achsel des Gegners durch.

**Häufige Fehler hierbei sind:**

- ☐ Man weicht nicht richtig aus, d. h. die Beine stehen über Kreuz.
- ☐ Die Schulter darf nicht mehr als 45 ° eingedreht werden, da sonst der Gegner die Chance hat, einen am Schulterblatt zu blockieren und aus dem Gleichgewicht zu stoßen.
- ☐ Beim Blocken wird der Stock zu weit gefegt, d.h. der Stich kommt trotzdem durch.

Abb. 93 Ausgangsposition Block 10

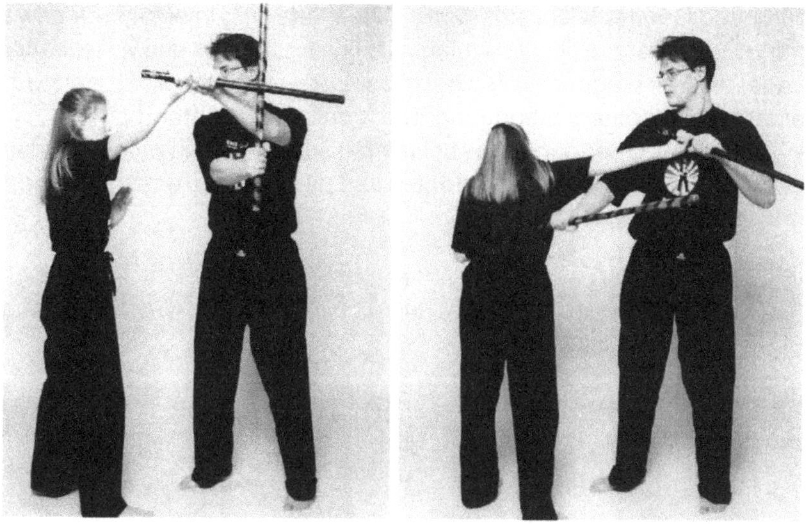

Abb. 94/95 Greifen des gegnerischen Stockes, Gegenangriff

**Block 11**

Dieser Block ist ebenfalls ein Fegeblock in Kopfhöhe. Mit dem linken Bein wird im 45°-Winkel nach links vor gegangen und der Körper in

Abb. 96 Ausgangsposition Block 11

Richtung Gegner leicht eingedreht. Die Waffe wird in einer Fegebewegung gegen den Stich geschlagen. Hier ist man in der vorteilhaften Lage, daß der Gegner sich selbst mit seinem Waffenarm blockiert, d.h. er ist nicht zu einem Gegenangriff mit der anderen Hand fähig. Während des Gegenangriffes sollte man so schnell wie möglich versuchen, hinter den Gegner zu kommen und parallel dazu einen Gegenangriff durchführen.

Abb. 97/98 Greifen des gegnerischen Stocks, Gegenangriff

**Block 12**

Auch bei Block 12 gibt es zwei Möglichkeiten auszuweichen, nach links oder nach rechts. Beides muß geübt werden. Leider neigt man dazu, eine Lieblingsseite zu bevorzugen. Bei einem guten Beobachter ist man dadurch sehr anfällig (siehe Kapitel 4.4). Zudem sollte man sich vorstellen, was in einer engen Gasse passiert. Man springt auf seiner Lieblingsseite gegen die Wand, was nicht sehr effektiv ist.

**Block 12a**

Ausweichen nach rechts. Das rechte Bein geht im 45°-Winkel nach rechts vorn, das andere Bein wird nachgezogen. Gleichzeitig wird der Stock hoch über den Kopf genommen, und zwar so, daß er leicht schräg ist. Der Butt (kurzes Stockende) geht immer in Richtung des Schrittes nach oben. Das lange Stockende zeigt in einem leichten Winkel Richtung Boden und der Butt zeigt leicht nach oben. Der Stock muß schräg gehalten werden, damit die auftreffende Kraft des gegnerischen Schlages abfließen kann. Der Block sollte den Kopf wie ein Dach vor dem Angriff schützen. Die Freie Hand unterstützt von unten die Waffenhand, und zwar so, daß die Finger der Freien Hand in Richtung Waffenhand zeigen. Nach dem Blocken greift die Freie Hand den gegnerischen Stock und schiebt ihn nach links weiter. Mit der Waffenhand wird ein Angriff gegen den Kopf des Gegners gestartet.

Abb. 99 Ausgangsposition Block 12a

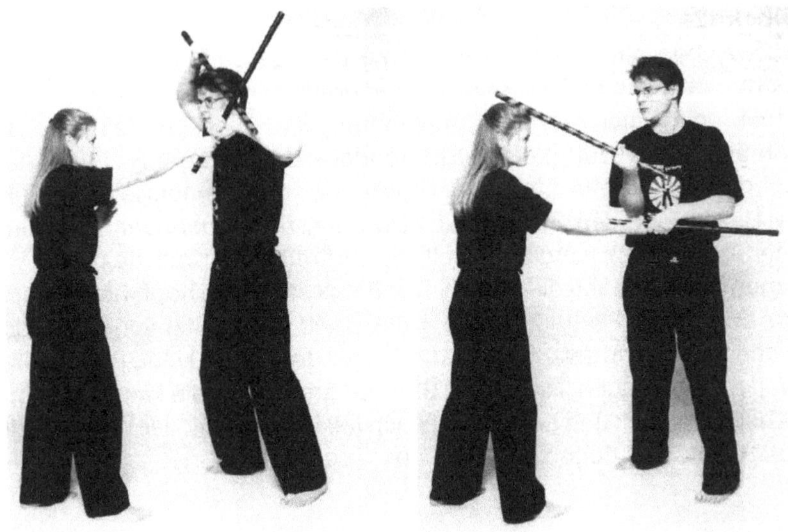

Abb. 100/101 Greifen des gegnerischen Stockes, Weiterleiten des Angriffes und Gegenangriff

**Block 12b**

Ausweichen nach links. Das linke Bein geht im 45°-Winkel nach links vor, das andere Bein wird nachgezogen. Der Stock wird aus der Grundstellung im Uhrzeigersinn mit dem Butt nach oben eingedreht, so daß er den Kopf schützt. Dabei wird er leicht schräg gehalten, so daß das lange Ende auf den Boden zeigt und die auftreffende Kraft am Stock „abperlen'' kann. Der Butt bewegt sich in Richtung des Schrittes nach oben. Die Freie Hand unterstützt von unten die Waffenhand. Die Finger der Freien Hand zeigen in Richtung des langen Stockendes. Die Freie Hand sichert durch Festhalten der gegnerischen Stockhand. Beendet wird diese Aktion mit einem Gegenangriff.

Abb. 102/103 Ausgangsposition Block 12b, Checken des gegnerischen Stockes und Gegenangriff

**Schwierigkeiten und häufige Fehler bei den Blöcken 12a und 12b**

Das Ausweichen ist hier enorm wichtig, damit die Hauptkraft des Schlages verpufft.

- ☐ Man weicht nicht richtig aus, d. h. die Beine stehen über Kreuz und man blockiert sich selbst.
- ☐ Die Freie Hand ist nicht hinter dem Stock bzw. greift zu früh und wird so verletzt.
- ☐ Der Stock wird gerade gehalten. Der Stock kann zersplittern und man wird trotzdem getroffen.
- ☐ Man weicht nicht aus. Es ist immer besser auszuweichen, da der Stock nachgeben oder brechen kann.
- ☐ Der Block ist nicht hoch genug, d. h. man wird am Kopf getroffen.
- ☐ Der Block ist zu hoch, der Schlag kommt unten durch und trifft.
- ☐ Man weicht nur auf eine Lieblingsseite aus.
- ☐ Die Freie Hand ist über dem eigenen Stock, so daß man getroffen wird.
- ☐ Der Ellenbogen der Freien Hand steht vor und wird getroffen.

**Wichtig!** Das lange Stockende muß nach unten zeigen, um die angreifende Kraft abzulenken. Sonst kann der Stock brechen. Die Wucht des Angriffs kann so stark sein, daß der Angreifer trotz des Blockens durchkommt und man verletzt wird.

**Merke!** Ein Block ohne Gegenangriff ist sinnlos.

**Wichtig!** Bei den Blöcken muß der Stock senkrecht gehalten werden, da bei schräg gehaltenem Block die angreifende Waffe nach oben gegen den Kopf abrutscht oder nach unten gegen die Finger. Bei einem Schwert oder Messer wären die Finger (oder der Kopf) ab. Es sollte so geblockt werden, daß der Gegner etwa in der Mitte des eigenen Stockes trifft, unterstützt durch die Freie Hand. Die Freie Hand wird dabei gerade und flach hinter den Stock gelegt, um einen Kontakt mit der gegnerischen Waffe zu vermeiden. Der Stock ist so zu halten, daß die Freie Hand in der Mitte des Stockes ist, wo auch die Trefferzone des Angreifers liegen sollte. Die Wucht des gegnerischen Angriffes kann durch Vorstoßen des eigenen Blockes gut abgefangen werden.Die Waffenhand hält den Stock vertikal dem Angriff entgegen, das Stockende zeigt nach oben. Die Freie Hand unterstützt durch leichten Druck und ist hinter dem Stock. Hand gerade halten, um nicht in Kontakt mit dem angreifenden Stock zu gelangen. Außerdem ist der Stock so zu halten, daß der Block an der hinteren Hälfte des gegnerischen Stockes möglichst nahe an der Waffenhand des Gegners erfolgt. Bei einem Bruch des Stockes kann so immer noch erfolgreich geblockt werden. Ein Block ohne Gegenangriff ist sinnlos, daher sollte man die Blöcke immer nur mit Gegenangriffen einstudieren. Die hier gezeigten Gegenangriffe sind als Beispiele aufgeführt, nicht als Muß. Jeder Gegenangriff der funktioniert ist gut!

## 5.3 Greiftechniken (Trapping)

Ziel des Trapping ist, die Kontrolle über den Stock des Angreifers zu erlangen, so daß er seine Waffe nicht einsetzen kann, man selbst aber einen Gegenangriff ausführen kann. Denn kein Gegner wird geduldig warten, bis man seinen Arm oder die Waffe wieder losläßt.
Grundvoraussetzung für das Trapping ist ein erfolgreicher und wirksamer Block. Die Freie Hand sollte dabei entweder den Stock beim Blocken unterstützen oder kurz hinter dem Stock warten, bis der Schwung aus dem Schlag des Angreifers genommen wurde, um dann blitzartig zuzugreifen. Man kann den Stock von unten ergreifen oder von oben, je nachdem, von welcher Seite der Angriff kommt. Dabei kann man entweder mit allen Fingern fest zugreifen (ein fester Griff ist sehr wichtig und muß trainiert werden) oder auch nur mit vier Fingern. Günstiger ist aber die erste Alternative, da der gegnerische Stock so besser unter Kontrolle gehalten werden kann.

Trapping wird auch als Arbeiten mit der Freien Hand bezeichnet. Dies verdeutlicht, daß die Freie Hand immer mit eingesetzt werden muß, um Angriffe weiterzuleiten oder sie festzuhalten.
In verschiedenen Stilen bezeichnet man das Arbeiten mit der Freien Hand auch als Tapi-Tapi.

**Wichtig!** Um die größtmögliche Kontrolle über den fremden Stock zu erlangen, muß unbedingt so dicht wie möglich an der Waffenhand des Gegners gegriffen werden, da sonst die Gefahr besteht, daß der Stock durch reine Körperkraft des Gegners freigehebelt werden kann.

Die einzelnen Trapps auf die Angriffe 1 - 12 sind in den Blöcken schon beschrieben worden. Hier werden kurz die verschiedenen Möglichkeiten beschrieben, den gegnerischen Stock oder Arm zu greifen (Abbildung 104). Man sollte auch immer üben, den Arm zu ergreifen, denn bei einem Messer oder Schwert wird das Ergreifen der Waffe sehr unangenehm . . .

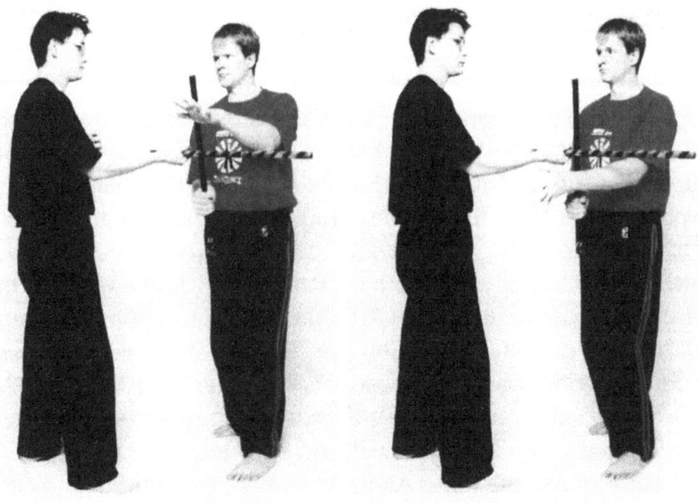

Abb. 104 Möglichkeiten zu Trappen am Beispiel des Schlag 1

## 5.4 Befreiungstechniken

Unter Befreiungstechniken wird verstanden, daß der Stock oder die Waffe vom Angreifer oder Verteidiger festgehalten wird, bzw. die Waffe der festhaltenden Hand entrissen wird. Die hier aufgeführten Möglichkeiten beziehen sich sowohl auf Rechts- als auch auf Linkshänder. Diese Techniken sollten verstärkt trainiert werden, da sie im Kampf immer wieder vorkommen. Befreiungstechniken werden auch als Quick releases bezeichnet.

Einsatz von Befreiungstechniken: Es entsteht ein Gerangel oder der Stock wird ergriffen, bzw. sonstige Gegenstände werden bei einem Streit festgehalten; hierbei sind die Befreiungstechniken von großem Vorteil. Ebenso kann der Gegner durch geschicktes Trapping den Stock in seine Gewalt bekommen und man möchte ihn befreien. Es könnte viele Szenarien entworfen werden, aus Platzgründen werden jedoch nur die effektivsten Befreiungstechniken aufgeführt.

Die Befreiungstechniken sind als Grundbewegungen eine gute Vorbereitung für die Entwaffnungen.

Für die Durchführung der nachfolgend dargestellten Techniken stehen sich zwei Personen gegenüber und halten einen Stock an seinem Ende fest.

**Technik 1**

Sehr häufig führt schon schnelles und kräftiges Ziehen am Stock zur Befreiung.

**Technik 2**

Mit der Freien Hand greift man von oben auf das gegnerische kurze Stockende (Butt) und zieht es zu sich nach oben heraus. Gleichzeitig wird das lange Stockende mit der Waffenhand zum Gegner hingestoßen, z. B. in den Genitalbereich oder an das Kinn. Dies stellt gleichzeitig einen Gegenangriff dar.

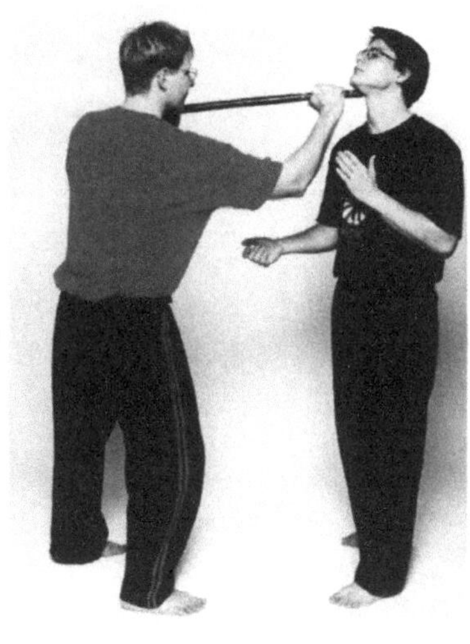

Abb. 105 Greifen des Butts bei Befreiungstechnik 2
Abb. 106 Gegenangriff

Abb. 107/108 Greifen des Stockes bei Befreiungstechnik 3, Überdrehen des gegnerischen Handgelenkes

Abb. 109 Gegenangriff bei Befreiungstechnik 3

**Technik 3**
Die Freie Hand greift den Stock vor der eigenen Waffenhand (in der Stockmitte oder höher). Der Stock wird in einem knappen Bogen im Uhrzeigersinn herumgerissen, so daß der gegnerische Butt oben auf dem gegnerischen Handgelenk zu liegen kommt. Mit Druck auf das Handgelenk in Richtung Gegner wird dieser gezwungen, den Stock loszulassen. Beendet wird diese Aktion mit einem Gegenangriff.

**Technik 4**
Der Unterarm der Freien Hand wird von außen gegen das gegnerische Handgelenk gedrückt und gegen den Uhrzeigersinn weitergedreht, bis der Gegner den Stock losläßt. Dabei wird der gegnerische Arm oder die Hand ergriffen und mit gleichzeitigem Zug an der Hand wird ein Gegenangriff mit dem Stock ausgeführt.

Abb. 110/111 Druck gegen das gegnerische Handgelenk und Drehen des gegnerischen Armes bei Befreiungstechnik 4

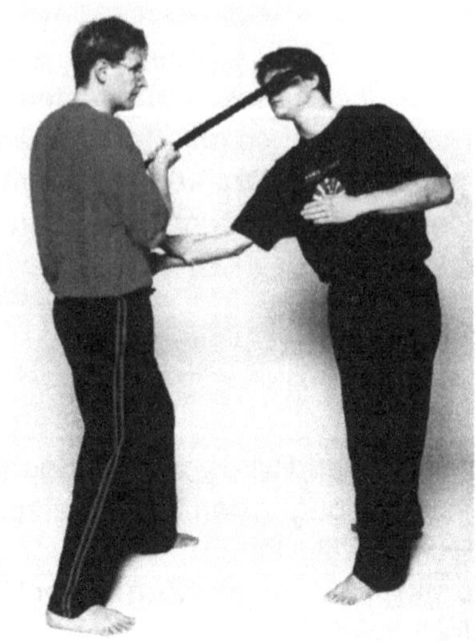

Abb. 112 Gegenangriff bei Befreiungstechnik 4

**Wichtig!** Nach Abschluß einer erfolgreichen Befreiungstechnik darf nicht aufgehört werden, sondern es muß sofort ein Gegenangriff erfolgen (in Form von Schlägen, Tritten oder sonstigen Aktionen).

## 5.5 Entwaffnungen

Entwaffnungen stellen effektive und schöne Techniken dar, einen Angreifer seiner Waffe zu entledigen. Es gibt viele Möglichkeiten, einen Angreifer zu entwaffnen. Eine Unterteilung läßt sich vornehmen nach bestimmten Prinzipien.
Aus diesen Gründen wurden die Entwaffnungen in sogenannte Serien eingeteilt. Serien stellen eine Folge von Angriffen dar, die alle nach dem gleichen Prinzip entwaffnet werden.

1. Serie Prinzip des kurzen und des langen Endes
2. Serie Prinzip der Freien Hand
3. Serie Prinzip des Hebelns
4. Serie Prinzip des Überdrehens
5. Serie Prinzip des Werfens
6. Serie Prinzip des Butts
7. Serie Prinzip des Schlagens

Das Wort *Prinzip* kann auch ersetzt werden durch ‚arbeiten mit'. Es ist nicht immer leicht, eine klare Trennung zwischen den Serien zu ziehen.

In diesem Buch wird die 2. Serie mit und ohne Stock erläutert. Der Leser wird somit in die Lage versetzt, einen bewaffneten Angreifer mit und ohne Waffe nach dem gleichen Prinzip zu entwaffnen.
Alle Prinzipien können sowohl mit als auch ohne Waffe ausgeführt werden und die Umsetzung des Prinzips auf eine waffenlose Anwendung ist gar nicht so schwierig.

### 5.5.1 Entwaffnungen mit Stock gegen Stockangriffe

Zunächst werden die Entwaffnungen der 2. Serie beschrieben, bei der Angreifer und Verteidiger jeweils einen Stock haben.
Das Prinzip dieser Serie besteht darin, einem Angreifer die Waffe durch Einsatz der Freien Hand zu entwenden. Die Freie Hand wird oft auch als ,,lebende Hand'' bezeichnet, dadurch wird ausgedrückt, daß diese Hand, obwohl sie keine Waffe hält, einsetzbar und gefährlich ist. Besonders hervorzuheben ist, daß diese Serie durch runde und weiche Techniken gekennzeichnet ist, d. h. diese müssen **ohne** Kraftaufwand ausgeführt werden. Nur so erkennt man, ob man das Prinzip verstanden hat.
Dies zeigt, daß Arnis auch für Frauen eine äußerst effektive Form der Selbstverteidigung darstellt. Zudem zeigt sich während des Trainings immer wieder, daß Frauen diese Techniken schneller umsetzen können. Das liegt wahrscheinlich daran, daß Männer von jeher daran gewöhnt sind, wenn etwas nicht funktioniert, dies mit Krafteinsatz auszugleichen. Doch gerade bei den Entwaffnungen rächt sich das. Die ganze Bewegung wird eckig und läuft in die falsche Richtung, so daß die Entwaffnung nicht mehr funktioniert.

Bei der richtigen Ausführung dieser Techniken, unabhängig ob mit oder ohne Stock, zeigt sich dieser Kampfsport von seiner besten Seite. Es ist eine Belohnung sondergleichen, wenn der Gegner mit einem ungläubigen Gesichtsausdruck zuerst auf seinen Stock und dann auf seine Hände schaut. Es werden die Entwaffnungen gegen die Angriffe 1, 2, 5, 10, 11 und 12 beschrieben. Die Angriffe 3 und 9 werden wie bei 1 beschrieben entwaffnet und die Angriffe 4 und 8 werden wie 2 entwaffnet.
Bei allen Entwaffnungen dieser Serie sind die Handbewegungen, die für die Entwaffnungen notwendig sind, sehr ähnlich, daher werden sie für die nachfolgenden Entwaffnungen explizit beschrieben.
Im Prinzip reicht es aus, zwei Entwaffnungen zu kennen, eine auf der rechten und eine auf der linken Seite. Damit können alle Angriffe entwaffnet werden. Die Angriffe 5 und 12 können jeweils auf zwei Arten entwaffnet werden.
Die 2. Serie ist im Gegensatz zu anderen Serien für Links- und Rechtshänder gleich. Unabhängig von der Benutzung des rechten oder linken Armes sind diese Bewegungen spiegelverkehrt mit dem jeweiligen Arm auszuführen.

**Zunächst wird die Kernbewegung der 2. Serie detailliert dargestellt**
Als erstes nach dem Block (Abbildung 113) wird der Arm über den Unterarm des Gegners gelegt (Abbildung 114).
Dann wird in einer runden und weichen Bewegung, ohne Kraft, die gestreckte Hand gegen den Uhrzeigersinn gedreht und nach vorne gestreckt (Abb. 115).
Durch Überdrehen des gegnerischen Handgelenks und nach vorne Strecken der eigenen Hand wird der Gegner entwaffnet (Abb. 116).

**Häufige Fehler, die hierbei auftreten, sind:**

- ☐ Die Freie Hand knickt ein, d. h. der Unterarm und die Hand sind nicht in einer Linie.
- ☐ Die Entwaffnungsbewegung wird nicht nach vorn weitergeführt, sondern nach hinten gezogen. Die Arme verkanten und es kann nur noch mit großer Kraftanstrengung entwaffnet werden.
- ☐ Man weicht nicht richtig aus, d. h. die Beine stehen über Kreuz und man blockiert sich selbst.

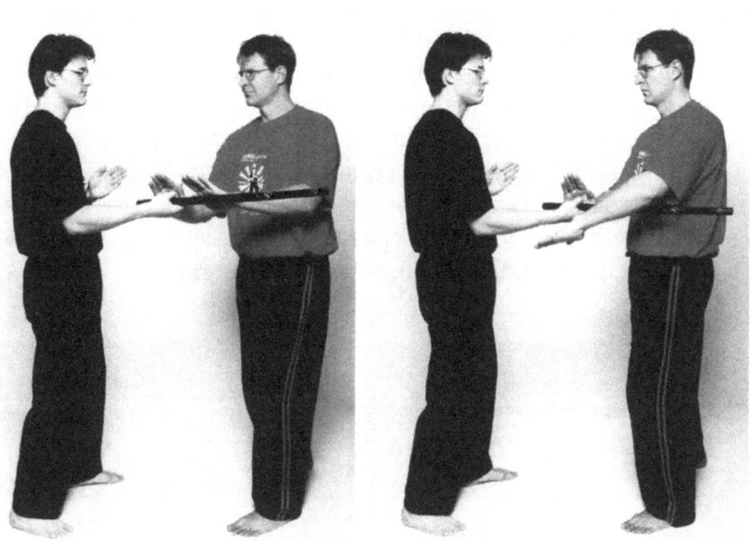

Abb. 113/114 Block, Freie Hand über den gegnerischen Stock legen

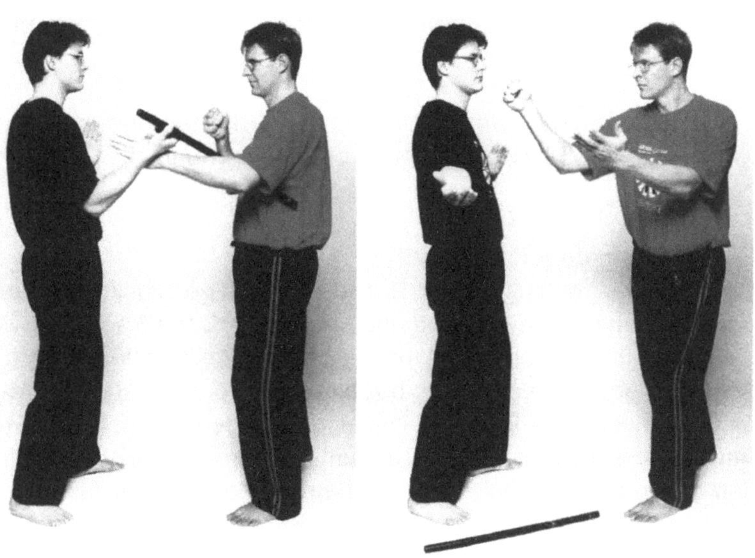

Abb. 115/116 Das gegnerische Handgelenk wird gegen den Uhrzeigersinn gedreht, der Gegner entwaffnet und angegriffen

### Entwaffnung gegen Schlag 1

Der Angreifer greift mit Schlag 1 an. Der Verteidiger blockt (wie bereits beschrieben). Dann greift der Verteidiger mit der Freien Hand (hier die linke) über den rechten Arm des Gegners, dabei wickelt sich die Freie Hand um das Handgelenk des Gegners. Der Arm wird ähnlich der Verbeugung in alten Degenfilmen gerade und ohne die Hand einzuknicken nach vorn geklappt (siehe Kernbewegung Abb. 113-116). Gleichzeitig wird ein Gegenangriff durchgeführt.

Abb. 117/118 Umwickeln des gegnerischen Armes und Bewegungsablauf bei Entwaffnung 1

### Entwaffnung gegen Schlag 2

Der Angreifer greift mit Schlag 2 an, der Verteidiger blockt. Der Verteidiger greift mit der Freien Hand über die gegnerische Hand und wickelt die Hand im Uhrzeigersinn um den gegnerischen Waffenarm. Mit Schwung und leichten Druck nach unten wird die Waffe der Waffenhand entrissen. Es folgt wie immer der Gegenangriff. Sobald diese Bewegung einigermaßen rund abläuft, sollte man bei der Entwaffnung den gegnerischen Stock gleich auf den Fuß des Gegners fallen lassen.

Abb. 119/120 Umwickeln des gegnerischen Armes und Bewegungsablauf bei Entwaffnung 2

**Entwaffnung gegen Schlag 5**

Der Angreifer sticht mit seinem Stock gegen den Bauch des Gegners. Der Verteidiger blockt und weicht zur rechten Seite aus. Dabei steht der Verteidiger in einer schrägen Position (ca. 45°-Winkel) zum angreifenden Stock. Mit der Freien Hand wird nun über den gegnerischen Stock gefaßt und dann mit der oben beschriebenen Kernbewegung entwaffnet.

Abb. 121/122 Ausweichbewegung und Umwickeln des gegnerischen Arms, Bewegungsablauf bei Entwaffnung 5

**Entwaffnung gegen Schlag 10**

Der Angreifer greift mit Stich 10 an. Der Verteidiger blockt. Mit der Freien Hand ergreift man das kurze Stockende des Gegners und zieht den Stock so an sich, daß man dabei gleichzeitig mit dem lange Ende dem Gegner ins Gesicht schlägt.
Alternativ dazu kann auch die oben beschriebene Kernbewegung erfolgen, indem der linke Arm mit der Kernbewegung (Abb. 113-116) über den Unterarm des Gegners diesen entwaffnet.

Abb. 123/124 Bewegungsablauf bei Entwaffnung 10 (alternativ)

**Entwaffnung gegen Schlag 11**

Der Angreifer greift mit Stich 11 an. Der Verteidiger blockt. Die Freie Hand wird über den gegnerischen Arm geführt und der gegnerische Stock im Uhrzeigersinn mit einer nach unten gerichteten Kreisbewegung entwaffnet. Es folgt der Gegenangriff. Die Bewegung ist ähnlich der Bewegung beim Angriff 2.

Abb. 125/126 Umwickeln des gegnerischen Armes bei Entwaffnung 11, Bewegungsablauf und Gegenangriff

**Entwaffnung gegen Schlag 12**

Der Angreifer greift mit Schlag 12 an. Der Verteidiger weicht nach links aus, blockt und führt mit dem linken Arm in der oben beschriebenen Kernbewegung im Gegenuhrzeigersinn den gegnerischen Waffenarm nach unten und entwaffnet. Die Entwaffnung wird mit einem Gegenangriff abgeschlossen.

Abb. 127/128 Umlenken des gegnerischen Armes mit der freien Hand, Bewegungsablauf bei Entwaffnung 12

### 5.5.2 Waffenlose Entwaffnungen gegen Stockangriffe

Wie im vorhergehenden Kapitel mit Waffe beschrieben, wird jetzt das gleiche Prinzip ohne Waffe erläutert. Das Prinzip dieser Entwaffnungsserie besteht darin, mit schnellen kurzen Drehbewegungen die Freie Hand zur Entwaffnung des Gegners einzusetzen.
Auch hier benötigt man nur zwei verschiedene Grundtechniken, die für alle Schläge auf der rechten oder der linken Seite angewandt werden können. Die Entwaffnungen 1, 2, 5 und 12 sind hier besonders ausführlich erläutert. Falls Schwierigkeiten bei den Entwaffnungen der nicht dargestellten Angriffe auftauchen, sollte man die Entwaffnungen 1 und 2 nochmals machen - die anderen funktionieren genauso. Entscheidend ist die Bewegung der entwaffnenden Hand (siehe Kernbewegung der Feien Hand bei der Entwaffnung der 2. Serie in Kapitel 5.5.1). Die Techniken können sowohl mit der rechten als auch mit der linken Hand ausgeführt werden. Beschrieben werden die Ausführungen mit der rechten Hand.

**Entwaffnung ohne Waffe gegen Schlag 1**
Angriff 1 wird mit beiden Händen am gegnerischen Handgelenk geblockt. Die linke Hand wird nun mit steifem Handgelenk von außen

Abb. 129/130 Block mit beiden Händen gegen Angriff 1, Entwaffnung

nach innen um das gegnerische Handgelenk gelegt. Dabei wird der Stock durch die Drehbewegung der Hand nach vorn herausgeschleudert. Gegenangriff nicht vergessen!

Abb. 131 Gegenangriff

**Entwaffnung ohne Waffe gegen Schlag 2**

Auch Angriff 2 wird mit beiden Armen am gegnerischen Handgelenk geblockt. Die rechte Hand wird über das gegnerische Handgelenk gestreckt, die Handfläche zeigt nach unten und wird mit Schwung im Uhrzeigersinn gedreht, so daß der Stock schräg nach vorne aus der Hand des Gegners fällt. Abgeschlossen wird auch diese Technik mit einem Gegenangriff.

Linkshänder, die von einem Rechtshänder angegriffen werden, führen die jeweiligen Entwaffnungen seitenverkehrt aus, d. h. Zielregion für Schlag 1 ist und bleibt natürlich der linke Oberarm des Gegners, die Entwaffnung auf den Schlag 1 wird aber so ausgeführt wie (bei Rechtshändern) auf den Schlag 2 und die Entwaffnung 2 so wie auf den Schlag 1. Wenn beide Trainierenden Linkshänder sind, werden die Bewegungen gänzlich spiegelverkehrt ausgeführt.

Abb. 132-134 Block mit beiden Händen gegen Angriff 2, Entwaffnung und Gegenangriff

**Entwaffnung ohne Waffe gegen Angriff 5**
Hier gibt es zwei Möglichkeiten auszuweichen, nach rechts (a) oder nach links (b).
(a) Der Gegner greift mit dem Stich 5 an. Der Verteidiger weicht nach rechts aus, indem er im 45°-Winkel nach vorn geht und die Hüfte zum

Stock hin eindreht. Gleichzeitig schieben beide Hände den Stock zur Seite.
Man nimmt beide Hände, weil der Gegner sonst mit dem Stock nachstechen könnte. Die linke Hand greift über das Handgelenk des Gegners und wird gegen den Uhrzeigersinn gedreht, siehe Beschreibung der Kernbewegung (Abbildung 113-116). Der Stock wird nach links vorn herausgeschleudert und es folgt der Gegenangriff.

(b) Der Gegner greift mit dem Stich 5 an. Der Verteidiger weicht nach links aus, indem er im 45°-Winkel nach vorn geht und die Hüfte zum Stock hin eindreht. Gleichzeitig schieben beide Hände den Stock zur Seite, ansonsten könnte der Gegner mit einem schnellen Schlag aus dem Handgelenk heraus (Abaniko) gegen den Hinterkopf mit seinem Angriff durchkommen. Die rechte Hand greift über das Handgelenk des Gegners und wird im Uhrzeigersinn gedreht, siehe Beschreibung der Kernbewegung (Abbildung 113-116). Der Stock wird nach rechts vorn rausgeschleudert und es folgt der Gegenangriff.

Abb. 135/136 Block mit beiden Händen gegen Angriff 5 (b) mit Ausweichbewegung, Entwaffnung

Abb. 137 Gegenangriff

**Entwaffnung ohne Waffe gegen Angriff 12**
Hier gibt es ebenfalls zwei Möglichkeiten auszuweichen, nach rechts (a) oder nach links (b).
Der Angriff 12 ist ein sehr schneller Angriff und daher nicht einfach zu entwaffnen. Die Ausweichbewegung und die Weiterführung der angreifenden Waffe sind entscheidend.

(a) Der Gegner greift mit dem Schlag 12 an. Der Verteidiger weicht nach rechts aus und steht zum Gegner leicht eingedreht. Die Arme werden in einer abwehrenden Bewegung gleichzeitig von links nach rechts geführt. Der linke Arm dreht sich bei der Abwärtsbewegung des gegnerischen Armes gegen den Uhrzeigersinn um denselben und entwaffnet den Gegner, so daß der Stock nach links vorn fällt. Die Bewegung der linken Hand hat dabei die Kernbewegung ausgeführt. Es folgt der Gegenangriff.

(b) Der Gegner greift mit 12 an. Der Verteidiger weicht nach links aus und steht zum Gegner leicht eingedreht da. Die Arme werden in einer abwehrenden Bewegung gleichzeitig von rechts nach links geführt. Der rechte Arm dreht sich bei der Abwärtsbewegung des gegnerischen Armes im Uhrzeigersinn um denselben und entwaffnet den Gegner, so daß der Stock nach rechts vorn herausgedrückt wird. Die Bewegung der rechten Hand hat dabei die oben beschriebene Kernbewegung ausgeführt. Es folgt der Gegenangriff.

Abb. 138-140 Ausweich- und Blockbewegung gegen Angriff 12
Entwaffnung und Gegenangriff

## 5.6 Wurftechniken mit dem Stock

In diesem Kapitel geht es nicht darum, den Stock zu werfen, sondern wie man den Gegner mit Hilfe eines Stockes zu Fall bringen kann.
Diese Techniken sollten jedoch nur dann einstudiert werden, wenn ein Grundwissen der Fallschule vorhanden ist. Das heißt, man sollte in der Lage sein, richtig fallen zu können, ohne sich zu verletzen (siehe hierzu Literaturhinweise Kapitel 11).
Es werden hier fünf der effektivsten Würfe beschrieben, die vorrangig für Rechtshänder ausgelegt sind, doch können sie leicht auf Linkshänder übertragen werden. Die Vielfalt an Wurftechniken, welche auf die im Buch vorgestellten Angriffe existieren, kann jedoch nicht vollständig dargestellt werden. Die aufgeführten fünf Techniken stellen sehr schnelle, leicht erlernbare und ohne großen Kraftaufwand durchführbare Techniken dar. Zu beachten ist, daß sie alle auch ohne Stock gegen einen Angreifer verwendet werden können.
Die Bewegungsabläufe sind in vier Grundbewegungen unterteilt:

- ☐ Grundposition
- ☐ Block, wie in Kapitel 5.2 beschrieben
- ☐ Wurf und
- ☐ Gegenangriff

**Wurf gegen Angriff 1**

Block gegen Angriff 1, indem mit dem Waffenbein im 45 °-Winkel nach hinten gegangen wird. Man ergreift das gegnerische Handgelenk und folgt mit einem Gegenangriff des langen Stockendes unter die gegnerische Achsel. Parallel zum Schlag wird das rechte Bein hinter dem rechten Fuß des Gegners abgesetzt (siehe Abbildung 142). Der Butt wird im Uhrzeigersinn (bis zur 10 Uhr Position) vor dem Arm des Gegners nach oben gedrückt, so daß das lange Stockende zu Boden zeigt (Abbildung 143). Man verfügt nun über einen Hebel, der im Rücken des Gegners ansetzt. Durch eine gegenläufige Zugbewegung am Arm des Gegners mit der eigenen Freien Hand und durch den Hebeldruck des Stockes im Kreuz wird der Gegner über das gestellte Bein zu Fall gebracht. Während der ganzen Zeit bis zum Aufprall des Partners auf dem Boden wird dieser am Waffenarm festgehalten. Die Aktion wird mit einem Angriff in Form eines Schlages oder Stiches beendet.

Abb. 141/142 Die Ausweichbewegung für Wurf 1und die Stockhaltung im Rücken des Gegners zum Hebeln

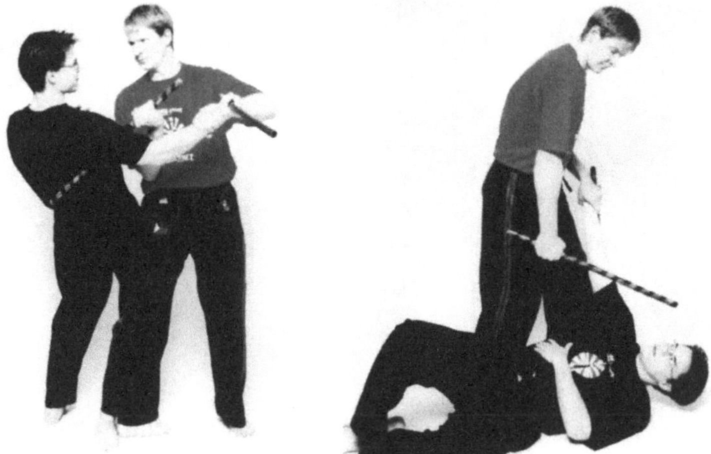

Abb. 143/144 Die Wurfbewegung, Fall und Gegenangriff

**Wurf gegen Angriff 2**
Angriff 2 wird mit Block 2 abgewehrt. Der Block soll hier gegen den Waffenarm des Gegners erfolgen. Der linke Fuß geht weit nach vorn. Der linke Fuß wird außen am Gegner vorbei hinter dessen rechtem Fuß abgestellt. Parallel dazu ergreift man mit der eigenen Waffenhand (trotz eigener Waffe) das Handgelenk des gegnerischen Waffenarms (Abbildung 146). Angriff mit dem Ellenbogen der Freien Hand gegen den gegnerischen Kehlkopf (VORSICHT !). Dabei zieht man den Waffenarm des Gegners zu sich und der eigene Ellenbogen drückt von außen gegen den Kehlkopf des Gegners. Man steht nun parallel zum gegnerischen Waffenarm. Der Gegner wird über das linke Bein durch die Druckbewegung am Hals zu Fall gebracht. Beendet wird die Aktion durch einen Schlag oder Tritt.

Abb. 145/146 Die Ausweichbewegung für Wurf 2, Greifen des gegnerischen Handgelenks und Ellenbogenschlag gegen den Kehlkopf

**Wurf gegen Angriff 3**

Block gegen Angriff 3. Gleichzeitig geht man rechts einen Schritt nach vorn und schiebt den Butt unter dem Waffenarm des Angreifers hindurch.

Die Hand wird unter dem gegnerischen Waffenarm hindurch so bewegt, daß der Butt nach oben zeigt und das lange Stockende nach unten. Der Arm des Gegners wird mit dem kurzen Stockende in einer Kreisbewegung vor dem Kopf im Uhrzeigersinn gedreht und nach hinten gezogen. Parallel dazu erfolgt ein Schlag mit dem Ellenbogen der Freien Hand gegen den Kehlkopf (VORSICHT !) sowie ein Schritt mit dem linken Bein hinter das rechte Bein des Gegners. Der Wurf erfolgt durch eine Schubbewegung am Hals nach hinten. Beendet wird die Aktion durch einen Schlag, Tritt oder Stich gegen den Angreifer.

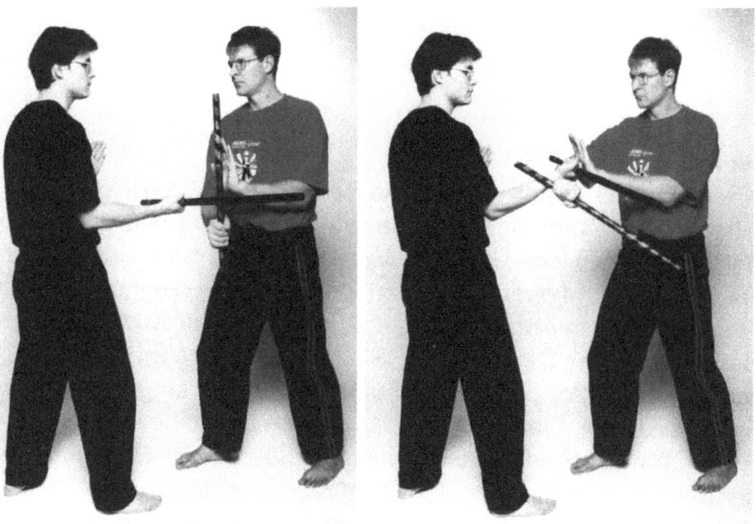

Abb. 147/148 Die Ausweichbewegung für Wurf 3
Die Eindrehbewegung mit Hilfe des Butts

Abb. 149 Fall und Gegenangriff

**Wurf gegen Angriff 4**

Abwehr gegen Angriff 4. Das linke Bein geht im 45 °-Winkel nach vorn. Gleichzeitig erfolgt eine Blockbewegung mit der Freien Hand gegen den Ellenbogen des Gegners, wobei der Arm nach unten gedrückt wird. Die Finger liegen hierbei auf dem Arm des Gegners (Abbildung 150). Es folgt ein Angriff mit einem Stich des eigenen Stockes gegen den Kehlkopf des Gegners (VORSICHT !). Gleichzeitig wird das eigene rechte Bein hinter dem linken Fuß des Gegners eingehakt und nach hinten gezogen. Der Wurf wird durch eine Schubbewegung mit dem Waffenarm am Hals des Gegners unterstützt. Beim Eintrainieren dieser Bewegung sollte man den Stich rechts am Hals vorbeiführen und den Wurf durch eine Schubbewegung mit dem Waffenarm zum Hals unterstützen. Beendet wird auch diese Aktion durch einen Gegenangriff.

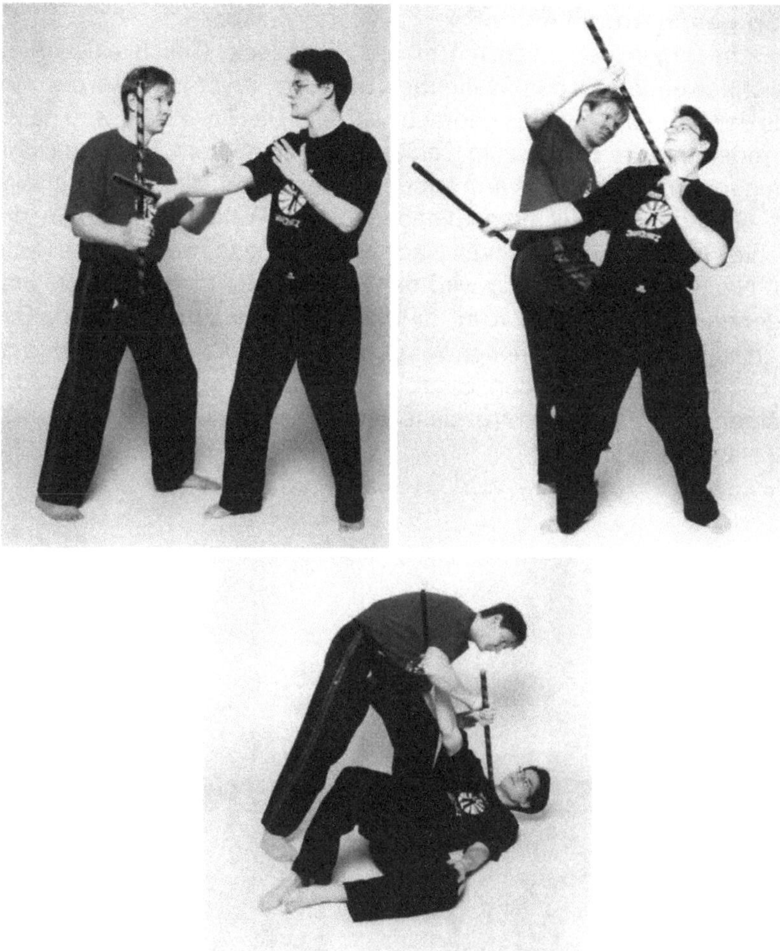

Abb. 150-152 Die Ausweichbewegung für Wurf 4,
Die Wurfbewegung, Fall und Gegenangriff

**Wurf gegen Angriff 5**

Abwehr gegen den Stich mit einem Fegeblock. Gleichzeitige Ausweichbewegung mit dem Waffenbein nach rechts vorn, der Körper muß aus der Bahn des Stiches gebracht werden. Das linke Bein wird nachgezogen und der Körper zum Gegner leicht eingedreht. Nun zieht man am gegnerischen Waffenarm mit der Freien Hand, gleichzeitig erfolgt ein Gegenangriff mit dem Ellenbogen des Waffenarms gegen die rechte Halsseite des Gegners. Nach einer Einhakbewegung des Butts am Nacken (VORSICHT !) wird der Kopf des Partners unter seinem eigenen festgehaltenen Arm im Uhrzeigersinn durchgedrückt. Der Wurf kann durch Herumreißen des gegnerischen Waffenarms über den Rücken unterstützt werden. Bis zum Fall des Gegners wird dieser Arm festgehalten. Beendet wird diese Aktion durch einen Gegenangriff (Schlag, Tritt oder Stich).

Abb. 153/154 Die Ausweichbewegung für Wurf 5,
Hände beim Blocken und Greifen

Abb. 155/156 Einhakbewegung des Stockes, Drehen des Gegners, und Fall

## Sinawali — die fließenden Schläge

Bei den Sinawalitechniken handelt es sich um zyklische Schlagfolgen, die mit sehr hoher Geschwindigkeit durchgeführt werden. Ein Zyklus kann je nach System 4, 5, 6 oder mehr Schläge beinhalten.
Sinawali, oder auch pingki-pingki genannt, können unterschieden werden in:

- ☐ Single Sinawali (Einstocktechniken) und
- ☐ Double Sinawali (Zweistocktechniken).

Die andere Unterteilung ist:

- ☐ Offene Sinawali (zu Beginn ist der rechte Stock auf der rechten Seite und der linke Stock auf der linken Seite) und
- ☐ geschlossene Sinawali (beide Stöcke befinden sich auf einer Seite).

Es gibt unzählige Sinawali-Übungen, manche sagen, es seien nur 265, aber jede Sinawali kann durch eine weitere Kombination wieder zu einem neuen Sinawali-Zyklus erweitert werden. Sinawalis sind hervorragend dafür geeignet, die Koordination beider Arme zu fördern und den entsprechenden Takt einzustudieren, beim 4er, 5er oder 6er-System usw.. Sinawalis können als Aufwärmübungen mit und ohne Partner oder als Abwehrübungen gegen einen Sandsack trainiert werden. Sinawalis sind auch waffenlos anwendbar.

## *Beschreibung des Double Sinawali 4er Systems*

Das 4er System besteht aus jeweils zwei Schlagfolgen mit einem Arm. Zu Beginn werden die Stöcke leicht auf die eigenen Schultern geschlagen, als Zeichen des Beginns für den Partner.

1. Mit dem rechten Stock wird gegen die linke Kopfseite des Gegners geschlagen.
2. Dann wird auf der linken Kopfseite ausgeholt und gegen das rechte Knie des Gegners geschlagen.
3. Der linke Stock schlägt von links oben in Richtung der rechten Kopfseite des Gegners, gleichzeitig wird der rechte Stock wieder auf die rechte Schulterseite hochgezogen, um für die nächste Sequenz einsatzbereit zu sein.
4. Der linke Stock wird nach dem Kopftreffer für die Ausholbewegung des nächsten Schlages auf die rechte Kopfseite genommen und diagonal nach unten gegen das linke Knie des Gegners geschlagen.

Diese Schlagfolge wird mit immer schneller werdenden Schlägen so oft man will wiederholt.
Legt man einen Stock zur Seite und übt diese vier Schläge mit einem Stock, so hat man das 4er Single Sinawali-System. Single Sinawali sollte man immer rechts und links trainieren.

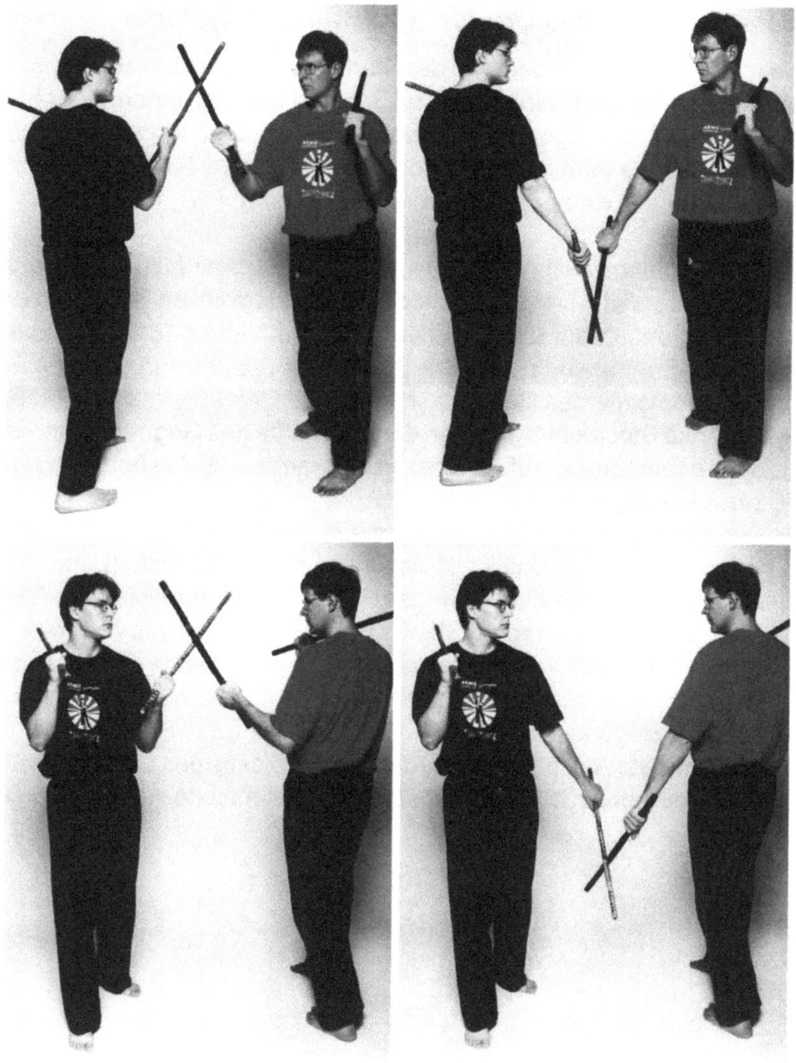

Abb. 157-160 Double Sinawali 4er-System

## *Beschreibung des Double Sinawali 6er Systems*

Beim 6er Sinawali werden, wie der Name sagt, sechs Schläge trainiert, aber auch hier sind nicht die sechs Schläge wichtig, sondern der Fluß dieser sechs Schläge. Beim Double Sinawali arbeiten immer beide Arme, der eine Arm schlägt und der andere wird für den nächsten Schlag in die Ausholposition gebracht.

1. In der Anfangsstellung sind beide Stöcke auf einer z. B. auf der rechten Körperseite. Der rechte Stock ist über dem linken Stock und der linke ist unter dem rechten Ellenbogen (Abbildung 161). Die Stöcke sind dabei parallel zu halten. Der rechte Stock schlägt gegen die linke Kopfseite des Gegners (A.)
2. Der linke Stock schlägt gegen die linke Hüfte des Gegners, während der rechte Stock auf der linken Kopfseite zur Ausholbewegung zurückgezogen wird.
3. Der rechte Stock schlägt gegen die rechte Kopfseite des Gegners, während der linke Stock auf der linken Kopfseite ausholt.
4. Der linke Stock schlägt nun gegen die rechte Kopfseite des Gegners, während der rechte Stock auf der linken Hüftseite ausholt.
5. Der rechte Stock schlägt gegen die rechte Hüfte des Gegners, der linke Stock wird auf die rechte Kopfseite für die Ausholbewegung zurückgezogen.
6. Der linke Stock schlägt gegen die linke Kopfseite des Gegners, während der rechte Stock jetzt auf die rechte Kopfseite zurückgezogen wird.

Abb. 161 Double Sinawali 6er-System Grundhaltung

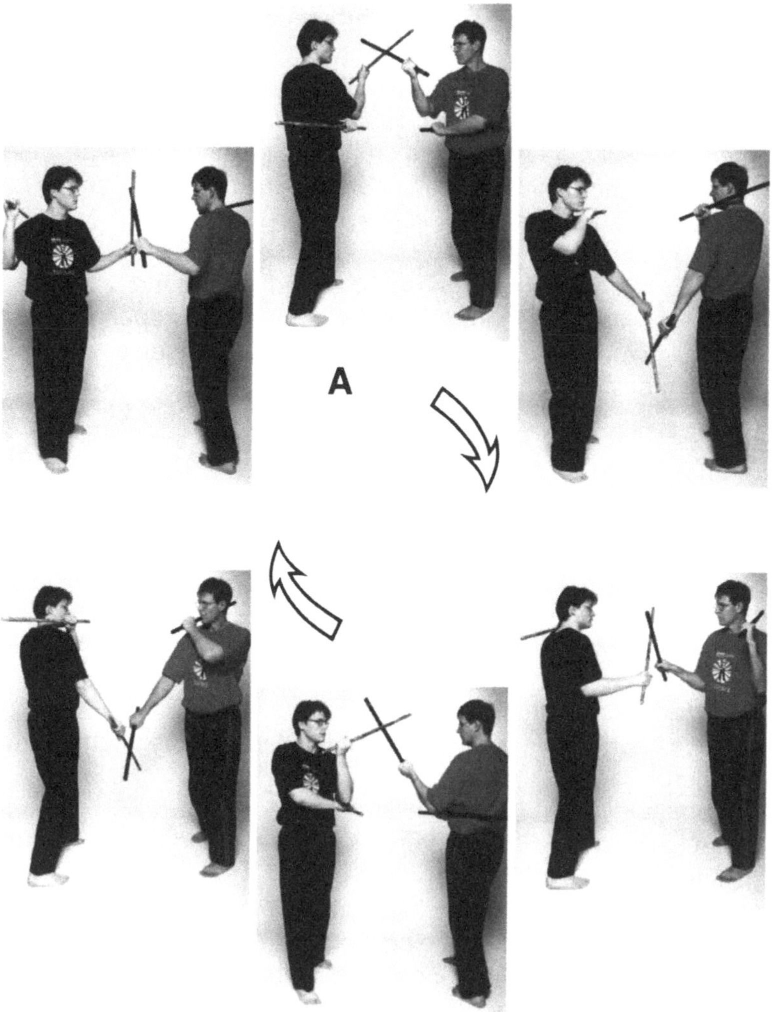


Abb. 162 Double Sinawali 6er-System

Dann wird wieder mit Schritt 1 begonnen, wobei der linke Stock an die rechte Hüftseite zurückgezogen wird, um für Schritt 2 bereit zu sein. Diese Schlagfolge wird mit immer schneller werdenden Schlägen wiederholt.

Das 6er System kann außerdem hervorragend als Wirbeltechnik eingesetzt werden, um sich mehrere Gegner gleichzeitig auf Distanz zu halten.
Zum besseren Vertändnis und Üben der Sinawalis empfehle ich, sich während der Schläge im Kreis zu drehen, über Hindernisse zu laufen, sich einfach einmal hinzusetzen oder gar hinzulegen. Sinawalis muß man in allen Lagen ausführen können.

**Wichtig!** Die Techniken müssen fließend ausgeführt werden. Es sollte immer auf eine korrekte Ausholbewegung geachtet werden. Auch wenn es schöne Bewegungen sind, so handelt es sich doch um gefährliche Schläge, d. h. man muß auf die präzise Trefferregion achten.

## 5.8 Schwert- und Messertechniken

Der Schwert- und Messerkampf stellte schon immer einen wichtigen Bestandteil im Arnis · Escrima · Kali dar. In diesem Kapitel wird kurz beschrieben

- ☐ welche Messerhaltungen es gibt,
- ☐ welche Angriffsformen mit Messer oder Machete ausgeführt werden können,
- ☐ bekannte Klingen und Hersteller und
- ☐ potentielle Verteidigungsformen gegen Messer oder Schwerter (siehe auch Kapitel 3).

Messer sind gefährlich bei Stichen zum Körper, aber genauso gefährlich, wenn sie als Schnittwaffe eingesetzt werden. Man sollte die Situation beim Messerkampf immer genau einschätzen können. Es können folgende Varianten auftreten:

- ☐ Waffenlose Abwehr gegen Messerangriff
- ☐ Stockabwehr gegen Messerangriff
- ☐ Messerverteidigung gegen Messerangriff

Je nach Situation gibt es verschiedene Verteidigungsmöglichkeiten. Die beiden letzten Variationen Stockabwehr gegen Messerangriff

sowie Messer gegen Messer werden hier nicht beschrieben, da sie aus diesem sowie den vorangegangenen Kapiteln abgeleitet werden können. Die Ausführung mit Macheten oder Schwertern ist prinzipiell die gleiche. Das heißt die unten aufgeführten Angriffe und Verteidigungsmaßnahmen sind bei beiden gleich.
Ein Messer kann sowohl als Stichwaffe als auch zum Schneiden eingesetzt werden. Man stelle sich einen Fußtritt gegen einen Angreifer mit Messer vor. Dieser schneidet nur kurz in das ihm entgegenkommende Bein . . . Oft wird dieser Tritt nicht wiederholt! Daher sollte man immer daran denken, daß Messer auch schneiden können, so naiv das auch klingen mag. Insbesondere wenn man selber ohne Waffe (Stock oder sonstige Gegenstände) ist, darf ein Messer niemals unterschätzt werden. Als erste Regel empfehle ich, sofern die Zeit dies zulassen sollte, sich mit einem Schuh oder Gürtel zu bewaffnen oder sich eine Jacke, Pullover, T-Shirt um den Arm zu wickeln. Dann sind die Chancen schon ein bißchen besser. Insbesondere ein Schuh ist stabil, kann bei Blöcken nicht so einfach zerschnitten werden und ist sehr effektiv beim Zuschlagen. Die Techniken, die in den vorhergehenden Kapiteln erläutert wurden, sollten genauso mit diesen ,,Waffen'' eingeübt werden. Es sollte sowieso zum Standardprogramm gehören, alle Techniken auch mit anderen Gegenständen wie Regenschirmen, Handtüchern etc. zu trainieren, denn alles kann als Waffe eingesetzt werden. Der Vorstellungskraft sind hierbei keine Grenzen gesetzt.
Gefährlicher wird es, wenn das Messer als Wurfwaffe eingesetzt wird. Darum niemals dem Gegner den Rücken zuwenden.

In diesem Kapitel werden sechs Messerangriffe gezeigt, die von 1 - 6 durchnumeriert sind. Die Klingenhaltung ist immer so, daß die Spitze nach vorn zeigt und die scharfe Seite der Klinge nach unten. Anschließend werden die dazu gehörenden Abwehrtechniken erläutert, wobei der Verteidiger waffenlos ist.
Die Angriffe 1 - 6 können genauso mit Schwertern oder Macheten durchgeführt werden.
Trainiert werden sollte nur mit Holzmessern oder stumpfen Klingen.
Die Angriffe mit einem Messer sind identisch mit dem 6er System, das in Kapitel 4.7 beschrieben ist (siehe Abbildung 35).

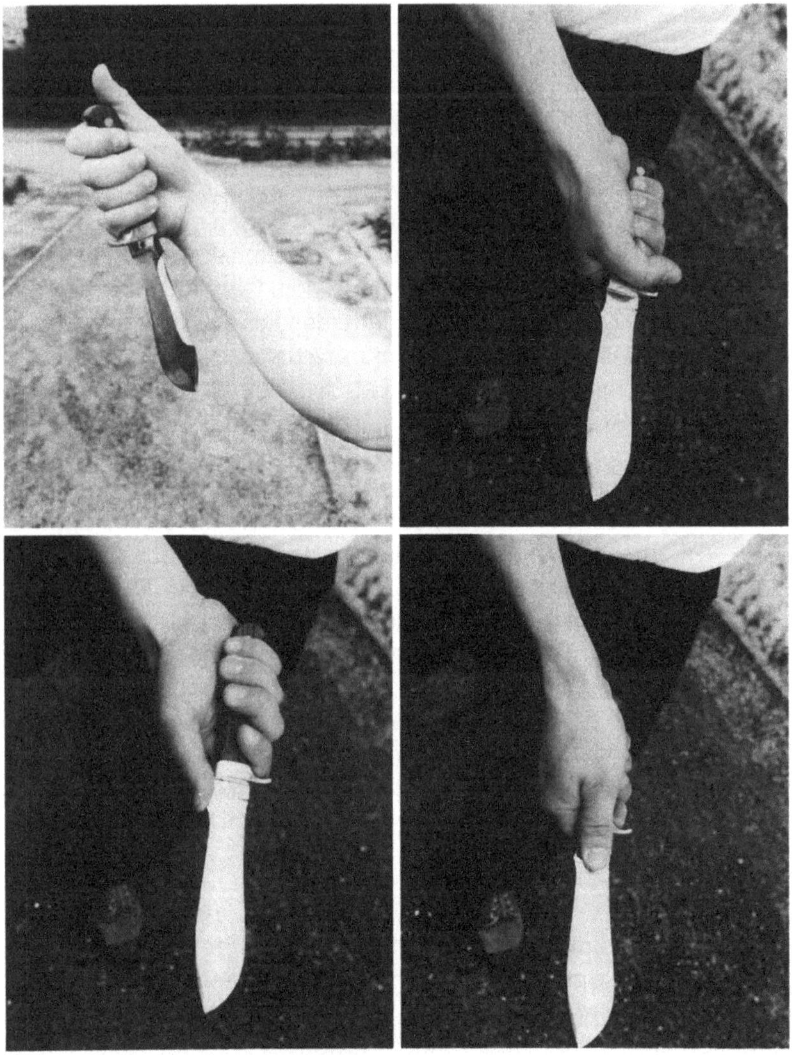

Abb. 163 Messerhaltungen, Varianten der Klingenhaltung

**Messerangriff 1**

Die Grundposition (siehe Kapitel 4.5) ist identisch mit der in den vorangegangenen Kapiteln, nur daß der Stock jetzt durch ein Messer ersetzt wird. Mit dem Messer wird auf der rechten Schulterseite zum Schnitt ausgeholt. Der Angriff ist ein diagonaler Schnitt, der von der linken Schulter des Gegners zu dessen rechten Hüfte verläuft.

**Abwehr gegen Angriff 1**

Angreifer und Verteidiger stehen sich in der Grundstellung gegenüber. Der Angreifer greift mit oben beschriebenem Messerangriff 1 an. Der Verteidiger weicht durch einen kleinen Schritt mit dem rechten Bein seitlich nach vorn aus und dreht den Körper zum Angreifer leicht ein. Der Verteidiger führt einen Doppelblock mit beiden Händen gegen den Waffenarm des Gegners (Abbildung 165) aus. Die linke Hand wird dabei so gehalten, daß die Handfläche vom Arm des Gegners wegzeigt. Die Finger zeigen nach oben. Der rechte Arm liegt horizontal auf dem gegnerischen Unterarm, wobei die eigene Handfläche nach unten zeigt. Der eigene Ellenbogen ist in Richtung Kinn des Gegners angewinkelt. Ein kurzer Gegenangriff mit dem Ellenbogen zum Kopf des Gegners lockert diesen für die nächste Technik.

Abb. 164 Block gegen Messerangriff 1

Abb. 165-167 Drehbewegung und Gegenangriff

Der rechte Arm dreht die Messerhand im Uhrzeigersinn über den eigenen Kopf hinweg. Unterstützt wird diese Bewegung durch einen kleinen Schritt des linken Beins nach links. Gleichzeitig dreht sich der Körper nach rechts. Die rechte Hand rutscht zum Handgelenk der gegnerischen Waffenhand und ergreift es. Die eigene rechte Hand zieht den gegnerischen Waffenarm zu sich auf die rechte Seite. Mit der Linken wird ein Gegenangriff gegen den Ellenbogen des Gegners durchgeführt (Abbildung 166).

**Messerangriff 2**
Aus der Grundposition heraus erfolgt der Angriff durch eine auf der linken Seite vorangegangene Ausholbewegung mit dem Messer. Der Angriff ist ein diagonaler Schnitt mit dem Messer von der rechten Schulter des Gegners bis zu dessen linken Hüfte.

**Abwehr gegen Angriff 2**
Angreifer und Verteidiger stehen sich in der Grundstellung gegenüber. Der Angreifer greift mit oben beschriebenem Messerangriff 2 an. Der Verteidiger weicht mit einem kleinen Schritt mit dem linken Bein seitlich nach vorn aus und dreht den Körper zum Angreifer leicht ein. Die Blockbewegung erfolgt mit der rechten Hand und wird mit der linken Hand am Ellenbogen des Gegners unterstützt. Die linke Handfläche zeigt dabei zum eigenen Körper, sie rutscht dann zum Handgelenk des Gegners und lenkt die Schnittbewegung um, indem der gegnerische Arm am eigenen Körper vorbeigeführt wird.
Das linke Bein geht nach hinten und die Hand des Angreifers wird im Uhrzeigersinn mit der linken Hand weiter gedreht. Die rechte Hand ergreift das gegnerische Handgelenk des Waffenarms von oben. Der Daumen zeigt nach unten und liegt auf dem Handrücken. Das gegnerische Handgelenk wird mit beiden Händen weitergedreht. Die linke Hand greift so zu, daß auch hier der Daumen auf dem gegnerischen Handrücken liegt. Die gegnerische Hand befindet sich jetzt in einem Handhebel. Bei guter Durchführung dieser Technik wird der Arm des Angreifers so verdreht, daß man ihn leicht zu Fall bringen oder gar entwaffnen kann. Die Wirkung wird noch erhöht, wenn man gleichzeitig nach hinten geht und den Gegner mit dessen gestrecktem Arm in eine tiefere Position drückt.

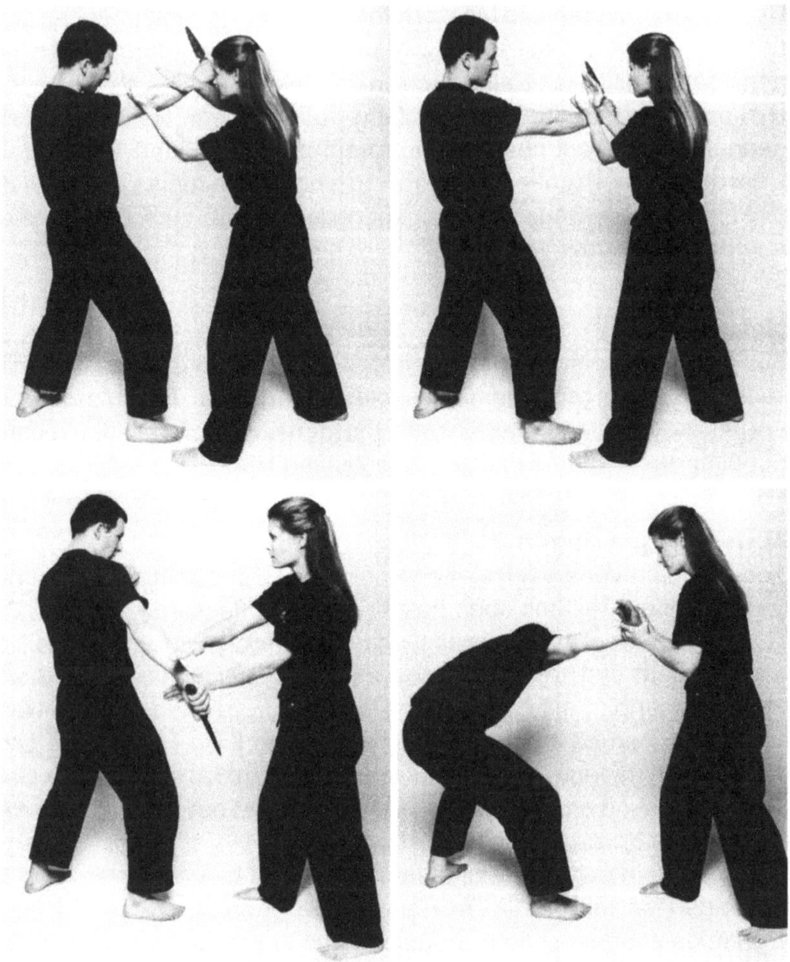

Abb. 168 Block gegen Messerangriff 2, Drehbewegung und Gegenangriff

**Messerangriff 3**
Aus der Grundposition erfolgt eine Ausholbewegung auf der rechten Seite. Dann folgt ein gerader Schnitt von der linken bis zur rechten Hüfte des Gegners.

**Abwehr gegen Angriff 3**
Blocken des Angreifers mit der Linken am Unterarm (Abbildung 169). Mit der rechten Hand wird eine Kreisbewegung gegen den Uhrzeigersinn durchgeführt, so daß die Schnittbewegung des Angreifers zu einem nach oben offenen Halbkreis umgelenkt wird. Während der Kreisbewegung wird die eigene rechte Hand so weitergeführt, daß der Handrücken des Angreifers ergriffen werden kann, und der eigene Daumen auf den gegnerischen Handrücken drückt (Abbildung 170). Mit beiden Händen wird das Handgelenk des Angreifers nach hinten geknickt und so entwaffnet. Die Daumen des Verteidigers sollten dabei auf dem Handrücken des Angreifers liegen. Der Handhebel sollte nach unten ausgeführt werden. Die kleinen Finger des Angreifers sollten dabei nicht tiefer liegen als das Handwurzelgelenk des Verteidigers,

Abb. 169 Block gegen Messerangriff 3

um ein optimales Abknicken des Handgelenkes zu gewährleisten. Verstärkt wird dies, wenn man gleichzeitig nach hinten geht und den Gegner in eine tiefere Position drückt.

Abb. 170 Drehbewegung und Gegenangriff

**Messerangriff 4**

Aus der Grundposition erfolgt eine Ausholbewegung mit dem Messer auf der linken Seite. Der Angriff ist ein gerader Schnitt von der rechten Hüftseite des Gegners bis zu dessen linken Hüfte.

**Abwehr gegen Angriff 4**

Im Prinzip läuft diese Abwehr wie bei 3 beschrieben, nur spiegelverkehrt: Blocken des Angreifers mit der Rechten am Unterarm (Abbildung 179). Mit der linken Hand wird eine Kreisbewegung im Uhrzeigersinn durchgeführt, so daß die Schnittbewegung des Angreifers in einem nach oben gerichteten offenen Halbkreis umgelenkt wird.

Mit beiden Händen wird das Handgelenk des Angreifers ergriffen und nach hinten gezogen sowie gleichzeitig geknickt. Hierbei sollten die Daumen des Verteidigers auf dem Handrücken des Angreifers liegen und der Handhebel nach unten ausgführt werden. Die kleinen Finger des Angreifers sollten dabei nicht tiefer liegen als das Handwurzelgelenk des Verteidigers, um ein optimales Abknicken des Handgelenkes zu gewährleisten (Abbildung 173). Verstärkt wird dies, wenn man gleichzeitig nach hinten geht und den Gegner in eine tiefere Position drückt. Beendet wird die Aktion mit einem Gegenangriff.

Abb. 171 Block gegen Messerangriff 4

Abb. 172 Umlenken des Angriffs

Abb. 173 Drehbewegung und Gegenangriff

**Messerangriff 5**

Aus der Ausgangsposition wird das Messer auf der rechten Seite zurückgezogen. Der Angriff ist ein gerader Stich mit dem Messer gegen den Bauch des Gegners. Dabei geht das Waffenbein mit nach vorn. Vorsicht: Ein Stich, der trifft, ist tödlich!

**Abwehr gegen Angriff 5**

Man weicht nach links aus. Niemals nach hinten in Stoßrichtung ausweichen! Mit der rechten Hand blocken (Handhaltung ähnlich der eines Handkantenschlages), die linke Hand kann unterstützen (Abbildung 174). Die Rechte führt eine kleine Kreisbewegung gegen den Uhrzeigersinn aus, ohne den Kontakt zum Angreifer zu verlieren. Die eigene (linke) Hand greift das Handgelenk so, daß der Daumen auf dem gegnerischen Handrücken liegt. Anschließend wird das Handgelenk des Gegners abgeknickt. Wenn man gleichzeitig nach hinten geht und den Gegner in eine tiefere Position drückt, wird die Wirkung noch verstärkt. Beendet wird die Aktion mit einem Gegenangriff.

Abb. 174 Block gegen Messerangriff 5

Abb. 175 Drehbewegung

Abb. 176 Gegenangriff

**Messerangriff 6**

Aus der Ausgangsposition wird mit dem Messer über dem Kopf ausgeholt. Das Waffenbein geht einen Schritt nach vorn. Es erfolgt ein vertikaler Schnitt vom gegnerischen Kopf in gerader Linie nach unten.

**Abwehr gegen Angriff 6**

Ausweichbewegung nach links. Mit der rechten Hand lenkt man den Schlag ab, indem man eine Kreisbewegung mit dem rechten Arm im Uhrzeigersinn von oben auf den angreifenden Waffenarm durchführt. Sobald man den Waffenarm des Gegners berührt, greift man mit der eigenen linken Hand von unten in dessen Ellenbogen und zieht diesen stark zu sich hin. Gleichzeitig drückt man in einer gegenläufigen Bewegung mit dem rechten Arm dem Gegner sein eigenes Messer in den Bauch.

Abb. 177 Abwehr gegen Messerangriff 6

Abb. 178 Drehbewegung und Gegenangriff

Wichtig! Ein Messer ist äußerst gefährlich. Daraus folgt, daß es keine perfekte waffenlose Abwehr geben kann. Man sollte Messerangriffen (sowie Angriffen überhaupt) immer aus dem Wege gehen. Läßt sich ein Kampf trotzdem nicht vermeiden, dann ist es gut, wenn man verschiedene Taktiken und Abwehralternativen pro Angriffsmöglichkeit einstudiert hat. Auf jeden Fall sollte man immer die Klinge des Gegners mit den Augen verfolgen und den Gegenangriff nicht vergessen, es geht schließlich um das eigene Leben.

Abb. 179 Verschiedene Messer

**Eine Auflistung guter und bekannter Messer:**

| | |
|---|---|
| Al Mar Knives * | Stellt Kampfmesser wie Shadow-Daggars, Applegate-Fairbairn, die S.E.R.E-Atack Serie, Tantos, Dolche, Klappmesser und Macheten her, allerdings nur in Massenfertigung. |
| Bart Eaux & Sons | Stellen gute und preiswerte Macheten her. |
| Benchmade | Fertigt Super-Balisongs auch nach Wunsch. |
| Black Jack Knives | Einige geniale Parang-artige Modelle, Macheten. Stellt Klingen in Einzel- und Massenfertigung her. |
| Böker | Magnum-Serie, Titan 3, Whittler. |
| Wolf Borger | Messer: Survival I, Rambo II |

* Al Mar ist leider inzwischen verstorben.

| | |
|---|---|
| Cold Steel Cutlery | Exzellente Serienfertigung, verwendet Mehrlagenstahl. Stellt viele Tantos, Khukris sowie Stoßdolche her. |
| Herbertz | Buck Folding Ranger, Gerber, Bushfighter |
| John Ek Commando Knife Company | Beste Kampfdolche für Espada y daga Ausführungen. Einzel- und Massenfertigung. |
| Gil Hibben | Bekannte Filmmesser wie Rambo III, Einzelfertiger. |
| Jerome Survival | Stellt Kampfmacheten, Arbeitsmacheten, Talisman, Survival-Sets her, Kampfmesser "Defender". |
| Marttiini | Finnisches Puuku, berüchtigt seit dem zweiten Weltkrieg. |
| Moeller Knives | Der Kanadier stellt das beste und schärfste Wurfmesser der Welt her. |
| Tom Maringer | Stellt High-Tech Schwerter, Dolche und Macheten her. |
| Randall | Made Knives: Model 14 |
| SOG Speciality Knives Inc. | Kampf- und Klappmesser. |
| Spyderco. Inc. | Geniale Klappmesser und Einhand-Kampfmesser. Zusammen mit Wayne Goddard hat Spyderco das Goddard Clipit Messer entwickelt. |
| Tru-Balance Knife Company (Mc Evoy)** | Bekannt für exzellente Wurfmesser; bekanntestes Modell ist die Bowie-Axt |
| Robert Terzuola | Bekannter Hersteller von High-Tech Kampfmessern und Klappmessern. |

** Mc Evoy ist leider inzwischen verstorben. Sein Sohn Stephen führt die Tradition der Tru-Balance Company weiter.

## Redonda (Redondo)

Je nach Region spricht man von Redonda (weiblich) oder Redondo (männlich). Es stellt einen klassischen Stil im Arnis dar, der auf einer Folge von Grundschlägen aufbaut. Für den Anfänger ist es am besten, erst die nachfolgend erläuterten sechs Grundschläge einzuüben, da es sonst schwierig ist, die weiteren Techniken dieses Stils einzustudieren.
Das Redondo ist eine der schönsten und effektivsten klassischen Stile. Redondo steht für rund. Bei einigen bezieht sich das nur auf einen Schlag, der im Kreis ausgeführt wird, bei anderen auf eine Schlagfolge von sechs Techniken. Redondo ist jedoch weit mehr.
Dieser Stil (und nicht Technik) ist gekennzeichnet von weichen, runden Abläufen, die in verschiedenen Variationen vorkommen. Redondo kann unabhängig davon, ob man eine Waffe, zwei Waffen oder keine in den Händen hält, ausgeführt werden. Hierzulande wurde dieser Stil als eine zu einer einzigen Technik verkümmerten Schlagfolge vermittelt, bei der durch die Grundbewegungsabläufe letztendlich nur die Stöcke zu Bruch geschlagen werden. Die Philosophie und Anwendungen dieses Stils wurden jedoch nicht vermittelt. In diesem Kapitel wird versucht, diese dem Leser näherzubringen.
Redondo wurde, wie fast alle philippinischen Arnis-Stile, unter den Spaniern verboten, was zur Folge hatte, daß der Stil im Verborgenen weitergegeben oder als Tanz getarnt wurde. Dies ist noch heute erkennbar an den weichen, fließenden Bewegungen und der meist rhythmischen Fußarbeit.
Redondo arbeitet immer mit mehreren Blöcken und Gegenangriffen. Der Stil zeichnet sich besonders durch seine vielseitige Anwendbarkeit aus, er beinhaltet Techniken, die sowohl mit Stock, Schwert und Messer als auch mit der Freien Hand oder anderen Gegenständen ausgeführt werden können, und zwar gegen Angriffe mit Stock, Schwert, Messer und der bloßen Hand, sehr effektiv sogar gegen Tritte.

Um den Ablauf der Techniken und den Fluß der Bewegungen zu vermitteln, werden nachfolgend die sechs Grundschläge beschrieben.

Dieser Stil kann in mehreren Varianten ausgeführt werden:

- ☐ Mit Waffe (z. B. Stock oder Messer) gegen Waffenangriffe,
- ☐ waffenlos gegen eine Waffe (z. B. Stock) sowie
- ☐ waffenlos gegen Angriffe ohne Waffe.

## *Die Redonda Grundtechnik*

Diese Übung ist sowohl mit als auch ohne Partner ausführbar. Falls ein Partner vorhanden ist, hält dieser zwei Stöcke vor seinem Körper, parallel zum Boden und in einem Winkel von ca. 90 ° zueinander (Abbildung 180). Der andere Partner hält seine Stöcke in beiden Händen auf einer Seite des Körpers, die Stockspitzen zeigen nach hinten. Man startet auf der rechten Seite (ist selbstverständlich auch auf der linken Seite möglich). Diese Grundtechniken sind ebenso als Wirbeltechniken einsetzbar, um sich mehrere Gegner vom Leibe zu halten.

**Ausgangsstellung und Schlag 1**

Die Hand, auf deren Körperseite sich die Stöcke befinden, hier also die rechte Hand, ist ungefähr in Halshöhe neben dem Körper, die andere Hand, hier die linke, ungefähr auf Hüfthöhe. Die Stöcke sind parallel zueinander und zum Boden. Der Schlag kommt mit der rechten Hand von oben auf den rechten Stock des Partners. Die Schläge werden so ausgeführt, daß der Stock des Partners mit dem oberen Ende des eigenen Stockes getroffen wird.

Abb. 180 Ausgangsstellung

**Schlag 2**
Der nächste Schlag kommt nun mit dem linken Stock von oben auf den rechten Stock des Partners, wobei gleichzeitig der rechte Stock an die linke Körperseite zurückgenommen wird (ungefähr in Halshöhe, das Stockende zeigt nach hinten, der Stock ist parallel zum Boden).

**Schlag 3**
Der folgende Schlag wird wieder mit dem rechten Stock ausgeführt. Der Schlag geht erneut auf den rechten Stock des Partners, dabei geht der linke Stock an die Stelle, wo vorher der andere Stock war. Der rechte Stock wird an die linke Seite zurückgenommen, diesmal ungefähr auf Hüfthöhe (die Stockenden zeigen nach hinten, die Stöcke sind parallel zueinander und zum Boden). Nun ist man wieder in der Ausgangsposition angelangt, nur daß man die Seiten gewechselt hat. Diese Position dient dem Anfänger zur Kontrolle. Später sollte man keine Pause zwischen den Schlägen erkennen können, um den Bewegungsfluß zu wahren. (Falls auf der linken Seite angefangen wird, entspricht dies der Ausgangsposition.)

**Schlag 4**
Jetzt wird mit dem linken Stock von oben auf den linken Stock des Partners geschlagen.

**Schlag 5**
Hiernach folgt der Schlag des rechten Stockes von oben auf den linken Stock des Partners. Der linke Stock wird dabei auf die rechte Seite des Kopfes zurückgenommen.

**Schlag 6**
Nun folgt abschließend ein Schlag mit dem linken Stock auf den linken Stock des Partners, gleichzeitig wird der rechte Stock auf die rechte Kopfseite zurückgenommen.
An dieser Stelle wird der linke Stock an die rechte Seite zurückgeführt (Hüfthöhe, Stockende zeigt nach hinten und der Stock ist parallel zum anderen Stock und zum Boden, d.h. in Grundstellung).

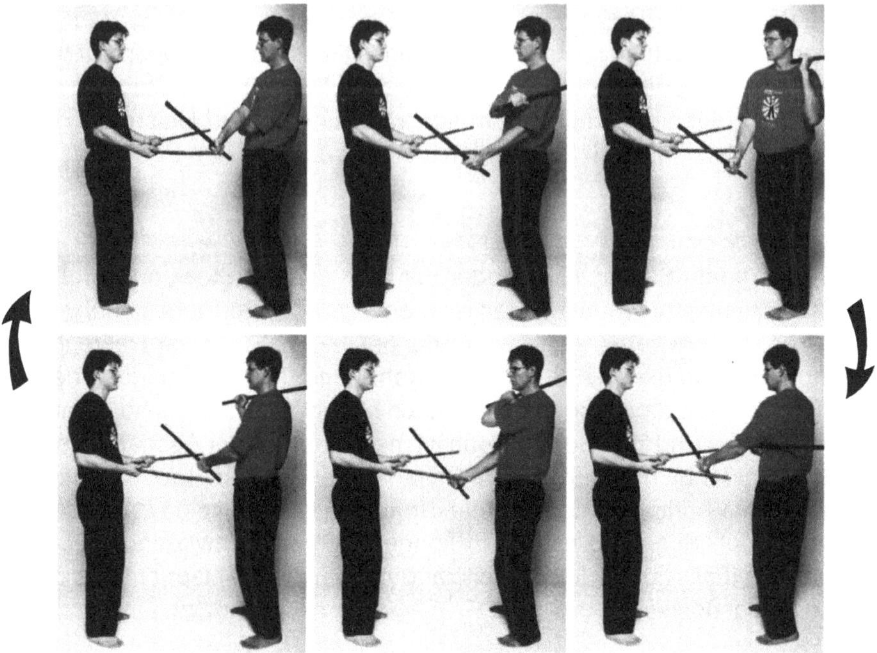

Abb. 181 Redonda Ablauf der sechs Grundschläge (im Kreis von links nach rechts. Der Partner hält die Stöcke parallel.

Nun ist die Übung einmal durchlaufen. Ihr eigentlicher Sinn aber ist, einen kontinuierlichen Ablauf dieser sechs Schläge zu erreichen. Daher beginnt beim Zurücknehmen des linken Stockes die Übung von neuem mit einem Schlag des rechten Stockes auf den rechten Stock des Partners.

**Tip!** Am besten übt man diese Techniken bei Walzermusik im Dreier- und Sechsertakt, um die Bewegungen weich fließend und rhythmisch werden zu lassen.

An dieser Übung kann man sehr gut die Grundtechnik des Redonda erkennen, nämlich daß nicht nur geblockt wird, sondern gleichzeitig noch ein zweiter oder dritter Schlag folgt.

Bei einem Angriff mit einem Stock oder Schwert kann sich der Ablauf der eben dargestellten Übung insoweit verändern, daß nicht sechs Schläge erfolgen, sondern nur drei oder vier.

## *Redonda-Grundtechnik Übung II*
## *Waffenlose Ausführung 3-er Fluß*

Die Techniken bei der waffenlosen Anwendung sind der ersten Übung sehr ähnlich. Erneut wird der Block mit der Hand ausgeführt, nach deren Seite man ausweicht, d. h. weicht man nach rechts aus. Der Block mit der rechten Hand erfolgt so, daß die Hand, von rechts kommend, den angreifenden Schlag nach links „wischt''. Nun folgt die andere Hand aus der gleichen Richtung, in diesem Fall würde die linke Hand, von rechts kommend, den Block der rechten Hand übernehmen, so daß der angreifende Schlag die ganze Zeit unter Kontrolle ist. Es besteht aber auch die Möglichkeit, anstelle des zweiten Blockes mit der Hand, gleich einen Gegenangriff in Form eines Schlages mit dem Ellbogen gegen die Armmuskulatur des Angreifers anzusetzen. Abschließend würde die rechte Hand einen Gegenangriff ausführen. Dann startet der Partner mit der gleichen Schlagfolge.

Beim Redonda unterscheidet man zwischen verschiedenen Handstellungen beim Gegenangriff. Da ist zum einen die *Machetenhaltung*, bei der mit der Handkante ein Schlag ausgeführt wird. Ferner gibt es die *Gebetshaltung*, bei der die Handfläche nach oben zeigt und mit den Fingerspitzen in den Hals gestochen wird. Außerdem existiert noch die *Tigerhaltung*, bei der pratzengleich mit aneinandergelegten Fingerspitzen zum Gesicht oder Kehlkopf geschlagen wird. Zusätzlich gibt es noch die *Adlerhaltung*, bei der der Gegenangriff mit der Handkante der Daumenseite durchgeführt wird. Das Angriffsziel ist wieder der Kehlkopf. (Anmerkung: Der philippinische Adler (Pithecophaga jefferyi) ist der größte Adler der Welt. Hier zeigt sich wieder die Mystik der Filipinos und auch die Verbindung zu anderen Ländern, denn den Tiger gibt es auf den Philippinen nicht.)

Außer diesen Gegenangriffen können natürlich auch andere angewendet werden, sei es der Schlag mit der Faust oder der Gegenangriff mit

dem Ellbogen zum Kopf des Gegners. Zudem besteht die Möglichkeit, nach dem Gegenangriff einen Wurf anzusetzen.
Gilt es, sich gegen einen Tritt nach vorn zu verteidigen, kann man auch hier die Redondotechniken einsetzen. Je nachdem, zu welcher Seite man ausweicht, kommt die Hand als Block und führt diesen am eigenen Körper vorbei. Anschließend kommt die andere Hand von der gleichen Seite nach und unterstützt den Block, abschließend erfolgt der Gegenangriff.

## *Redonda-Grundtechnik Übung III*
## *Waffenlose Ausführung 4-er Fluß*

Auch für die Techniken mit der bloßen Hand gibt es, wie bei der Anwendung mit Stock, eine Übung für fließende Bewegungen. Der Einfachheit halber wird an dieser Stelle nur eine beschrieben, wenngleich die vielfältigsten Variationen existieren.
Die Übung beginnt mit einem geraden Faustschlag zum Gesicht des Partners, dieser weicht nach außen aus und blockt mit der zugehörigen Hand. Kommt ein Angriff mit der rechten Faust, so weicht der Partner nach links aus und blockt mit seiner linken Hand von außen kommend. Nun kommt die rechte (bzw. andere) Hand von der gleichen Seite und unterstützt den Block, während sich die zuerst blockende Hand wieder löst. Daraufhin kommt wieder die linke (erste) Hand noch einmal zum Block (wegschieben!) und die rechte (andere) Hand macht ihrerseits einen Faustangriff zum Kopf des Partners.
So kommt ein Bewegungsfluß zustande, bei dem der eine Partner angreift und der andere verteidigt und dann seinerseits zum Angreifer wird.
Redonda kann mit Messern oder anderen Waffen ausgeführt werden. Die hier dargestellten Techniken stellen nur einen kurzen Ausschnitt dieses Stils dar.

# VI. Die Kunst der eleganten Bewegungsabläufe - Anyo, Sayaw

Im Arnis · Escrima · Kali gibt es verschiedene Vorführungen und Kürübungen, ähnlich den Katas in japanischen Kampfsportarten. Die geläufigen Bezeichnungen auf den Philippinen hierfür sind: *Anyo, Sayaw, Hanay, Karanza* oder einfach nur *Form*. Die Sayaws bestehen aus einer Vielzahl von aufeinanderfolgenden Techniken, die hintereinander vorgeführt werden, ähnlich einer Kür beim Eislaufen. Sayaws können in schneller Abfolge zum Aufwärmen oder langsam zum Meditieren durchgeführt werden. Mit Hilfe von Sayaws können Techniken alleine wiederholt werden, um sich kontinuierlich mit der Materie des Stockkampfes auseinanderzusetzen, auch wenn kein bothoan oder Partner in der Nähe ist. Sayaws können überall durchgeführt werden. Bei Sayaws werden Reflexe, Schlagtechniken, Fußarbeit, Kraft und Taktiken gegen mehrere Angreifer trainiert und die Konzentration gefördert. Früher stellten sie meditative Tänze dar, auf einigen Inseln sogar heilige Rituale, die noch heute in einigen Regionen wie Mindanao oder Negros zu finden sind. Die bekanntesten religiösen Festivals in Form von Straßenfesten und öffentlichen Tanzzügen sind heute das „ati-atihan" in Antique, das „sinulog" in Cebu und das „dinagyang" in Iloilo.
Schüler trainieren durch diese Übungen, sich gegen zwei oder mehrere imaginäre Gegner zu verteidigen, wobei das Zusammenfließen von Schlagkombinationen, Sprüngen und Drehungen, schwierigster Fußarbeit, Handtechniken, Wirbeltechniken und Atemtechnik den besonderen Reiz ausmacht.

Es gibt verschiedene Arten von Sayaws:
- ☐ Einzelstock (Schwert, Machete),
- ☐ Doppelstock,
- ☐ Espada y daga (sämtliche Techniken mit einem längeren Gegenstand und einem kürzerem, z. B. Schwert und Messer oder Schwert und Kurzstock) sowie
- ☐ Langstock (Speer, Helebarde, Kette, etc.)

Diese können folgendermaßen vorgeführt werden:

- ☐ Allein
- ☐ Synchron in Teams zu zweit, zu dritt oder mit mehreren.
- ☐ Dabei können Musik vom Band, Trommeln oder sonstige rhythmischen Geräusche eingesetzt werden.

Partner-Anyos kann man nach verschiedenen Systemen durchführen. Ein sehr geläufiges System beruht auf zwei Prinzipien:

- ☐ Zum einen, daß ein Partner eine Folge von Angriffen vollzieht, während der andere Partner nur blockt und nach einer Weile dieser Partner die Angreiferrolle übernimmt.
- ☐ Zum anderen, daß der jeweils angreifende Partner immer einen Angriff mehr durchführt als der vorherige Angreifer.

**Wichtig!** Die Sayaws dienen dem Training von Atemtechnik, Beinarbeit, Reflexen, Bewegungen und Taktiken sowie um Angriffe mental durchzuspielen. Zudem fördern sie die Konzentration und den Ausbau der inneren Ruhe.

Als Beispiel wird hier die Partner-Anyo Isa vorgestellt.
A ist hierbei der Angreifer, V der Verteidiger. Nach den ersten Schlägen wechseln die Rollen. Va ist der ehemalige Angreifer in der Verteidigungsposition und Av der ehemalige Verteidiger, der jetzt angreift. Treten Schwierigkeiten bei der Interpretation der unten aufgeführen Schläge auf, siehe Seite 73.

**Partner Anyo Isa**

Verbeugung, der Stock ist an der Seite schlagbereit.

| | | | |
|---|---|---|---|
| A: | Schlag 2 (explosiv) | V: | Block 2 |
| A: | Schlag 9 (Abaniko) | V: | Block 9 |
| A: | Stich 10 | V: | Block 10 |
| A: | Schlag 12 | V: | Block 12 (rechts ausweichend) |
| | | | |
| Va: | Block 7 | Av: | Schlag 7 (Abaniko) |
| Va: | Block 4 (Butt zeigt nach oben) | Av: | Schlag 4 (Abaniko) |
| Va: | Block 7 | Av: | Schlag 7 (Abaniko) |

| | | | |
|---|---|---|---|
| Va: | Block 6 | Av: | Schlag 6 (Abaniko) |
| Va: | Block 12 (links ausweichend) | Av: | Schlag 12 (Abaniko) |
| A: | Stich 11 | V: | Block 11 |
| A: | Stich 5 mit dem Butt (Arm gegen Arm) | V: | Block durch Stich mit dem Butt |
| A: | Schlag 7 (Abaniko) | V: | Block 7 |
| A: | Schlag 6 (Abaniko) | V: | Block 6 |
| A: | Schlag 12 | V: | Block 12 (links ausweichend) |

Verbeugung

Die Vorteile der Partner-Anyo bestehen darin, daß man mit einem realen Partner trainieren kann, d. h. ungefährlich echte Angriffe und Verteidigungselemente übt und Taktiken einstudiert. Bewegungsabläufe und Timing, Geschwindigkeit und kontrollierter Krafteinsatz werden koordiniert. Nicht vergessen: Es soll Spaß machen!

Abb. 182 Vorführung einer Sayaw während der Invitational Championchips in Cebu, Philippinen

# VII. Who is Who? im Stockkampf

Ein altes Sprichwort besagt: *„Es gibt so viele Stile auf den Philippinen wie Inseln".* Darin steckt viel Wahrheit, denn auf jeder Insel hat sich die Kultur ein bißchen anders entwickelt oder ist durch verschiedene Einflüsse von außen (Arabien, Indien, Spanien etc.) verändert worden. Dadurch sind viele verschiedene Stile und Namen entstanden.

Interessant ist die Tatsache, daß manche Stile Grundelemente der alten europäischen Fechtschule enthalten.

Viele Stile wurden einfach nach den Orten genannt, an denen sie trainiert wurden, so gibt es z. B. den Bohol-Stil, den Samar-Stil, den Leyte-Stil usw.. Im folgenden sind einige Stile namentlich aufgeführt ohne irgendeine Wertung vorzunehmen oder den Anspruch auf Vollständigkeit zu erheben:

Abaniko
Arnis de mano
Balintawak
Banda y banda
Combat Arnis
De Cuerdas
Doce Pares
Fraile
Gsiyam
Lameco
Largo mano
Mano Mano
Modern Arnis
Pekiti Tirsia
Redonda
Ritriada
Rompida
Serrada
Sikaran-Arnis
Villabrille-Largusa

## 7.1 Von tödlichen Kämpfen zum sportlichen Wettkampf

Bis in die frühen 50er Jahre gab es auf den Philippinen noch sogenannte "Death matches". Diese Kämpfe wurden in der Regel an Wochenenden oder Feiertagen abgehalten. Dabei wurde ohne jegli-

chen Schutz gekämpft, bis einer der beiden Kämpfer aufgab oder besiegt, d. h. tot war. Diese recht barbarische Methode, sich durchzusetzen und so um Eigentum, Ehre oder gar die Liebste zu kämpfen, stammt noch aus den Zeiten, als es keine ausführende Gesetzesgewalt auf vielen Inseln der Philippinen gab. Man mußte sich selber um seine Angelegenheiten kümmern. Schließlich setzte sich die Rechtssprechung und deren ausführende Organe auf allen Inseln durch.
Seit den 60er Jahren haben sich mehrere Großmeister verschiedener Stilrichtungen dazu entschlossen, die Arnis-Techniken in Form sportlicher Veranstaltungen zu fördern. Dies dient dem Austausch untereinander und der Erhaltung des kulturellen Gutes. Dieses Bestreben mündete schließlich im *1. National Arnis Festival* in Cebu City am 6. und 7. März 1976. Zahlreiche Meister und Großmeister aus allen Regionen der Philippinen nahmen an diesem Turnier teil und führten ihre Stile vor. Es war das erste Turnier, mit dem sich der neu gegründete Verband, die „NARAPHIL", hervortat. Für die Turniere wurden einheitliche Regeln und Schutzkleidung festgelegt. Die endgültigen Regeln schließlich wurden dann nach mehreren Absprachen auf separaten Kongressen am 24. März 1979 auf den *1. National Open Championships* eingesetzt. Viele Veranstaltungen folgten in Städten wie Manila, San Fransisco, San Jose, Jersey City oder New York. Die Naraphil hatte trotz ihres internationalen Charakters immer einen nationalen Bezug, es fehlte die Integration aller Nationen und derer Stile. Ab 1980 wurde in vielen Einzelgesprächen zwischen der Naraphil und verschiedenen Nationen beschlossen, die ersten Weltmeisterschaften unter einheitlichen Regeln und unter einem Dachverband zu organisieren.
Dies gipfelte schließlich in den *1. Weltmeisterschaften* im Arnis Escrima Kali, die vom 11. bis 13. August 1989 von der W.E.K.A.F. (World Escrima Kali Arnis Federation) in Cebu City durchgeführt wurden. Über 10 Nationen nahmen an diesem Turnier teil, die sich dazu bekannten, sich in der W.E.K.A.F. als Weltdachverband zu organisieren. Dies war die offizielle Geburtsstunde der W.E.K.A.F., deren erster Präsident Dionisio Cañete (Abb. 188) wurde.

Vom 25. bis zum 27. August 1992 wurden die *2. Weltmeisterschaften* in Manila durchgeführt. Neuer Präsident der W.E.K.A.F. wurde Ignacio Bunye, der Bürgermeister von Muntinlupa und Chairman der Metro Manila Authority.

Abb. 183 G. Siebert wird Weltmeister im Schwergewicht

Die *3. Weltmeisterschaften* fanden vom 26. bis zum 28. August 1994 in Muntinlupa, Metro Manila statt. Über 16 Nationen traten an. Deutschland war mit einem Team von 13 Personen vertreten errang 2 Goldmedaillien, 1 Silber- und zwei Bronzemedaillen und erreichte damit den 4. Platz im Ländervergleich. Gunnar Siebert wurde in das Board of Directors der W.E.K.A.F. und zum Deutschen Direktor der W.E.K.A.F. gewählt. Neugewählter Präsident der W.E.K.A.F. wurde Richard Bustillo, USA (siehe Abb. 186).

## *Die Verbreitung des philippinischen Stockkampfes*

Bedingt durch die schlechte wirtschaftliche Lage der Philippinen wanderten viele Filipinos aus, um im Ausland ihr Glück zu suchen. Das war der Beginn der Verbreitung des philippinischen Stockkampfes. Viele Auswanderer siedelten nach Hawaii über und arbeiteten dort auf Zuckerrohrplantagen. Hawaii ist auch heute noch ein Zentrum für philippinische Kampfsportarten. Von dort kam der Stockkampf zum amerikanischen Festland, überwiegend an die kalifornische Westküste. In den Vereinigten Staaten leben heute noch eine große Anzahl von Meistern, die ihr Wissen und ihre Stile auch außerhalb der philippinischen Gemeinde lehren. Von den U.S.A. kam der Sport dann in den 70er Jahren nach Europa.

Die hohe Akzeptanz dieses Sportes zeigt sich unter anderem auch in der Gründung der E.A.K.E.F. (European Arnis Kali Escrima Federation). Diese wurde 1992 als Unterverband der W.E.K.A.F. gegründet, deren Interessen sie in Europa vertreten soll. Der Zusammenschluß verschiedenster Stile unter einem Dachverband sowie die Durchführung der Europameisterschaften nach einheitlichen Regeln sind die Ziele der E.A.K.E.F.. Bekannte Mitglieder sind hier u. a. Bob Breen, Jeff Espinous, Pat O'Mally und John Harvey. Offizieller Deutscher Direktor ist seit 1992 Gunnar Siebert. Die E.A.K.E.F. ist in Italien, Frankreich, Großbritannien, Finnland, Dänemark, Spanien, Schweden, Deutschland und anderen Ländern vertreten.

Ziele der E.A.K.E.F. sind außerdem Seminare mit Top-Trainern sowie untereinander stiloffene Turniere durchzuführen. Außerdem sollen die philippinischen Kampfkünste in Europa verbreitet und gefördert werden. Die E.A.K.E.F. hält alle 2 Jahre die offiziellen Europameisterschaften ab.

Bei der Verbreitung der philippinischen Kampfkünste in Deutschland spielte insbesondere Meister Cui Brocka eine entscheidende Rolle (siehe dazu Kapitel 7.2). Aus diesen Ursprüngen sind mehrere Vereine und Verbände hervorgegangen und neue hinzugekommen, so daß in Deutschland eine immer stärkere Verbreitung der philippinischen Kampfkünste zu beobachten ist. Seit 1994 werden die Deutschen Meisterschaften im Vollkontakt und Semikontakt nach den W.E.K.A.F.-Regeln durchgeführt. Ausrichter ist der A.E.K. Germany (Arnis Escrima Kali Germany).

## 7.2 Bekannte Meister im Arnis

Dieses Kapitel bietet einen Überblick über die verschiedenen Meister und Großmeister, deren Stile und Ursprünge. Mit einem Teil der hier aufgeführten Meister habe ich zusammen trainieren dürfen. Dieses Kapitel stellt nur einen kleinen Einblick in die Welt des Stockkampfes und die verschiedenen Stile dar. Ich bitte alle hier nicht aufgeführten Meister um Verständnis und hoffe, daß die Leser mit diesen Informationen einen Einblick in die Vielfalt der Stile bekommen.
Anmerkungen und Ergänzungen stehe ich jederzeit offen gegenüber.

| | |
|---|---|
| Azas, Jose de | Einer der ersten Pioniere, der die westlichen Degen- und Dolchtechniken mit den philippinischen Stock- und Schwerttechniken vermischte. Er gründete die erste Schule dieser Art für Europäer um die Jahrhundertwende. |
| Brocka, J. Cui | Unterrichtete im Stil des ,,Philippine Combat Arnis''. Er lebte in den 70er Jahren in Belgien und wurde 1979 von Hans-Dieter Rauscher (jetzt DAKO Deutsche Kampfkunstorganisation) zu Lehrgängen nach Freiburg eingeladen. Dies war der erfolgreiche Beginn des philippinischen Stockkampfes in Deutschland.<br>Meister Brocka war Ausbilder bei der US Army. Er trainierte bei und mit mehreren Großmeistern, wie z. B. Großmeister Mateo Estolosso. Meister Brocka hatte den 7. Dan im Karate, den 6. Antas im Combat Arnis, den Titel ''Master of Weapon'', mehrere Ehrungen wie die ''Mercitorious Service Medal'' und die Auszeichnung des ''Expert Jungle Fighter''. Außerdem gewann er zahlreiche asiatische Vollkontakt Karate-Meisterschaften sowie 1971 die Asiatischen Vollkontakt-Meisterschaften. Er war Hand-to-Hand Kampfausbilder bei der bekann- |

Abb. 184 Meister Brocka und der Autor

ten Einheit der 82sten Airbone Division (US-Army).
Seine ganze Familie ist den Kampfkünsten sehr verbunden, so wurde er von seinem älteren Bruder Arnold in die Stockkampfkünste eingeführt und seine Schwester war die erste Frau auf den Philippinen, die den schwarzen Gürtel im Karate erhielt.
Meister Brocka war Gründer der IPMAA (International Philippine Martial Arts Association) und einer der Pioniere, der in Deutschland die philippinischen Kampfkünste bekannt machte und förderte. Er war mein erster Meister, der mich in die philippinischen Kampfkünste einführte. Er verstarb tragischerweise am 9.12.1984.

Abb. 185 H.-D. Rauscher und der Autor im Training

Bustillo, Richard — Unterrichtet in verschiedenen Kampfkünsten wie Stockkampf, shooto wrestling, Muay Thai, Boxen und Jun Fan Gung Fu. Richard war Originalschüler von Bruce Lee. 1989 wurde er von der Zeitschrift 'black belt' in die Hall of Fame als Instructor des Jahres eingetragen. 1994-96 war Richard Präsident des Weltdachverbandes für Stockkampf der W.E.K.A.F.

Cabales, Angel — Unterrichtete den Serrada Stil, bei dem jedem Schlag ein Block folgt oder ein Umlenken des Schlages. Cabales wurde am 4.10.1917 in Barrion Igania in der Provinz Antique (Philippinen) geboren. Durch eine Stockkampfvorführung auf seiner Insel wurde er auf diesen Kampfstil aufmerksam und zog bald nach Manila. Großmeister Cabales bestritt in dieser Zeit mehrere "Death Matches". Bei diesen zum Teil bis zum Tode ausgeführten Kämpfen war alles erlaubt, Messer, Stöcke etc.. Seine Trainingsumgebung war das harte Leben und keine Schule. Er

Abb. 186 Richard Bustillo

arbeitete als Bodyguard, als Aufpasser und in einer Spezialtruppe der Polizei. Zu dieser Zeit lebte er in der Nähe Manilas in den Hafendocks. Dort traf er auch Dizon, von dem er dessen Escrima-Stil erlernte. Cabales verließ die Philippinen im Jahr 1939 auf dem Schiff SS/Don José und kam über mehrere Häfen schließlich über Alaska nach Kalifornien. Er lebte bis zu seinem Tode am 3.3.1991 in Stockton. Zu seinen Schülern zählen u. a. Mike Inay, Rene Latosa, Mark O'Wiley und Dan Inosanto. Serrada kommt von *Cerrado = eng, nah* und ist ein insbesondere für den Nahkampf bekannter Stil.

Cañete, Ciriaco — Einer der bekanntesten Meister, der den Doce Pares Stil vertritt. Andere bekannte Mitglieder

des Cañete-Clans sind Dionisio und Eulogio Cañete.
Ciriaco wurde als jüngster von acht Brüdern und vier Schwestern im August 1919 in San Fernando, Cebu, Philippinen geboren. Von seinen engsten Freunden nur Cacoy genannt, fing er früh mit dem Kampfsport an. Mit fünf lernte er Boxen, mit sieben startete er im Escrima. Am Anfang wurde er von seinem älteren Bruder Filemon trainiert. Er hält zur Zeit den 10. Antas im Escrima.
Im 2. Weltkrieg diente er in einer Guerillaeinheit, bei der ihm sein Escrima-Training zu Gute kam. Dort wurde außer mit modernen Waffen mit lautlosen Waffen wie Macheten, Messern und Stöcken gekämpft.
Großmeister Cacoy Cañete gewann unter anderem die Ersten Nationalen offenen Meisterschaften in der Meisterklasse in Cebu und die Invitational Championchips in Manila. Im Alter von 64 Jahren wurde er 1983 von einem jüngeren Rivalen zu einem öffentlichen Vollkontaktturnier herausgefordert, welches er innerhalb von 10 Sekunden gewann. Zur Zeit lebt er in den USA.

Er ist einer der bekanntesten der heute noch lebenden Mitglieder des Doce Pares Club. Dieser wurde 1932 gegründet. Doce Pares steht für die 12 Grundschläge und 12 Verteidigungen im Escrima. Seit der Gründung dieses Clubs sind viele berühmte Champions daraus hervorgegangen. Der erste Großmeister dieses Clubs war Lorenzo Saavedra, unterstützt durch Teodoro und Frederico Saavedra und Filemon Cañete. Der erste Präsident des Doce Pares Clubs war bis zu seinem Tode 1988 Eulegio Cañete.

Abb. 187 Meister Cacoy Cañete mit dem Autor

Cañete, Dionisio — Diony, wie ihn seine Freunde nennen, ist der jüngste Sohn von Eulegio Cañete (gestorben im Juni 1988), einem der Mitbegründer des Doce Pares Club. Er lernte von den jüngeren Brüdern seines Vaters, den Großmeistern Felimon Cañete, "Momoy" und "Cacoy", aber auch von seinem Vater. Er ist einer der Hauptinitiatoren des Zusammenschlusses der meisten philippinischen Vereine zur W.E.K.A.F., zu deren erstem Präsident er 1989 bei den 1. Weltmeisterschaften auf den Philippinen gewählt wurde. Er hat den 6. Antas im Doce Pares Stil.

Dizon, Felicissimo — Unterrichtete im De Cuerdas Escrima-Stil und ist einer der Meister, die zur gleichen Zeit lebten

Abb. 188 Von links: 2. Dr. C. Go (Balintawak), 4. Diony Cañete (Doce Pares), 5. D. Guba, 6. A. Navales

und trainierten wie Floro Villabrille. Dizon und Villabrille waren alte Kameraden, die viele Stunden miteinander in Sparringskämpfen verbrachten und ihre Ideen austauschten. Dies ist wahrscheinlich ein Grund, warum sich diese beiden Stile so ähnlich sind. Die Schläge werden in Winkel unterteilt. Dizon stammt aus Cebu. Einer Legende nach wollte Dizon bei dem bekanntesten Stockkämpfer trainieren. Dieser lebte jedoch in einer Höhle. Um zu seinem Meister zu gelangen, mußte er hohe, steile Gebirge überwinden, durch eine haifischverseuchte Lagune und anschließend durch einen unterirdischen Tunnel schwimmen. Nur wer lebend zu diesem Meister gelangte, war es würdig, als Schüler aufgenommen zu werden. Dizon wurde auch als der Mann mit den drei Augen bezeichnet, da er oft von hinten angegriffen wurde und rechtzeitig reagieren konnte. Er war Trainer von vielen bekannten Meistern wie z. B. Angel Cabales.

**Gaje, Leo**

Ist Chief Instructor des Pekiti Tirsia Stils im Kali und ein Experte des Silat. Er ist unter anderem Trainer von Dan Inosanto gewesen.
Er ist der erste Arnismeister, der von der National Arnis Association of the Philippines (NARAPHIL) 1976 in den USA geehrt wurde.
Tuhon Gaje trainierte viele Polizeieinheiten, u. a. den CIA in den USA. Das besondere Kennzeichen des Pekiti Tirsia Stils ist die Fußarbeit. Sein bekanntester Schüler ist Billy Mc Grath, den er gleichzeitig als seinen Adoptivsohn betrachtet.
,,Pekiti'' kann mit zerstückeln übersetzt werden und ,,Tirsia'' (sprich tirschia) gibt die Distanz des Kampfes an. Mit Pekiti Tirsia ist im allgemeinen der Nahkampf gemeint.

**Ilustrissimo, Antonio**

Geboren am 15.07.1913 auf Cebu, begann im Alter von sieben mit dem Training bei seinem Vater Isidro Ilustrisimo sowie seinem Onkel Melecio Ilustrissimo. Er trainiert den Illustrissimo-Stil, der seit Generationen von seiner Familie weitergegeben wird. Dies ist ein äußerst aggressiver Stil, bei dem man hauptsächlich ans Angreifen denkt, darum enthält er wenig Elemente des Ausweichens.

**Inay, Suro Mike**

Schüler von A. Cabales, trainierte in Stockton. Er vertritt den Serrada-Stil und hat daraus seinen eigenen Stil den Inay-Stil abgeleitet.

**Inosanto, Dan**

Geboren 1937 in Amerika (Stockton), begann im Alter von 10 Jahren mit dem Training des Okinawa Te und des Jiu Jitsu. Später erst auf Anraten von Ed Parker, trainierte er die philippinischen Kampfkünste intensiver. Zusammen

Abb. 189 Mike Inay und der Autor

mit Bruce Lee brachte er in Filmen wie "Enter the Dragon" und "Games of Death" die philippinischen Kampfkünste, aber auch den Waffenkampf Nunchaku der Allgemeinheit näher. Zusammen mit Richard Bustillo ist er Orginalschüler von Bruce Lee und, man kann sagen, Erbe und Träger des von Bruce Lee gegründeten Jeet Kune Do. Dan trainierte verschiedene philippinische und aus anderen Ländern stammende Kampfkünste, wobei besonders die philippinischen hervorzuheben sind.
Er trainierte mit Meistern wie Leo Gaje (Pekiti-Tirsia-Stil), Angel Cabales (Serrada-Stil), Lucky Lucay Lucay, Ben Largusa (Villabrille-Largusa-Stil) und vielen anderen Persönlichkeiten. 1983 wurde er von der Zeitschrift 'black belt' in den USA als „Instructor des Jahres" geehrt sowie 1988 als "Weapon instructor of the year".

Abb. 190 Dan Inosanto während einer Vorführung

Lapu-Lapu — Der erste geschichtlich bekannte Großmeister im Arnis. Damals hieß der Stil noch Pangamut (siehe auch Kapitel 2, Abbildung 1). Er verhinderte die Landung und Eroberung seiner Insel durch die Spanier. Bei dieser Abwehr wurde Magellan getötet. Lapu-Lapu gilt seither als Nationalheld der Philippinen.

Latosa, René — Chiefinstructor der PMAS (Philippine Martial Arts Society), führte die philippinischen Kampfkünste 1974 in England und 1977 in Deutschland ein. Latosa lebt und unterrichtet hauptsächlich in den USA. Bekannte Schüler sind Bill Newman (England) sowie Keith R. Kern-

Abb. 191 Großmeister Ben Largusa

specht in Deutschland. Seine Trainer waren u. a. Angel Cabales, Leo Giron sowie sein Vater John Latosa.

Lee, Bruce

Ein Name, der für Kampfsport steht und der eigentlich keiner weiteren Erklärung bedarf. Doch weniger bekannt ist, daß auch er für den philippinischen Stockkampf ein Vorreiter war. Geboren am 27.11.1940 in San Fransisco, Chinatown, wurde er Li Siu-lung genannt, was Kleiner Drachen bedeutet. 1964 heiratete er Linda Emery und eröffnete eine Kampfschule in Kalifornien. Dort lernte er unter anderem Chuck Norris, Joe Lewis, Mike Stone, Bat Wall und Ed Parker kennen. Zu seinen Schülern zählten bekannte Namen wie James Coburne, Steve McQueen, Dan Inosanto, Richard Bustillo u. a.. 1965 wurde sein Sohn Brandon geboren, der tragischerweise auch schon verstorben ist, und 1968 seine Tochter Shannon.

Durch seinen Film "Fist of Fury", der am 22.3.1972 sein Debut hatte, setzte er neue Maßstäbe im Kampfsportfilm. Er verwendete erstmals Waffen, die bisher nur wenigen bekannt waren wie Nunchaku (zwei durch eine Schnur oder Kette verbundene Hölzer) und insbesondere Stöcke. Diese Szenen hat er zusammen mit Dan Inosanto einstudiert. Auch in "Enter the dragon" setzte er Stocktechniken ein. Sein Sohn Brandon führte diese Tradition in seinem vorletzten Film fort.
Am 20. Juli 1973 starb Bruce Lee aus heute noch ungeklärten Gründen. Beigesetzt wurde er in Seattle. 1974 wurde er zum "Man of the year" (black belt Magazin) gekrönt. Am 28.4.1993 wurde ihm zu Ehren ein Stern auf dem Hollywood Walk of Fame in den Boden eingelassen.

Lontayao, Greg

7. Dan in der international anerkannten Kali Association of America unter den Meistern F. Villabrille und B. Largusa. Ben Largusa ist seit dem Tode von Floro Villabrille der in der Villabrille-Largusa-Hierarchie höchste Amtsträger. Prof. Lontayao wurde als Sohn des Escrima-

Abb. 192 Meister Lontayao mit seinem Sohn Sean im Training

Meisters Graciano Lontayao geboren und hat mehr als 35 Jahre Kampfsporterfahrung. Er ist Mitglied der Kali Association of America und hat einen Ring von Schulen (die Lontayao Schulen) vor allem in den USA aufgebaut. Am 18.06.1993 wurde er in Los Angeles (USA) auf der Veranstaltung "Living Treasures of the Filipino Martial Arts" mit einer Auszeichnung für seine Verdienste in der Verbreitung und Erhaltung der philippinischen Kampfkünste geehrt.

Marinas, Mat P. Vertreter des lanada-Arnis Stils, welcher mit längeren Stöcken (ca. 1 m bis 1,3 m) als sonst üblich trainiert. Hierbei wird die Reichweite zum Gegner vergrößert und es gehört eine große Übung dazu, die Stöcke in entsprechender Geschwindigkeit zu handhaben. Der Stock wird mit zwei Händen ergriffen und repräsentiert ein Langschwert. Der Stil ist mit dem japanischen Kendo zu vergleichen. Marinas lebt auf Hawaii.

Moncal, Arnulfo — lebt auf den Philippinen, 1970 wurde ihm der Titel eines Nationalchampions verliehen. Er wurde 1924 auf der Insel Negros geboren und seit seinem achten Lebensjahr von seinem Vater trainiert. Er übte mit bekannten Meistern wie Thimotheus Maranga, Venancio Bacon und Eulogio Cañete.

Presas, Ernesto — wurde auf der Insel Negros (Philippinen) geboren. Er wurde zusammen mit seinem Bruder Remy vom Vater Jose Presas in der Kunst des klassischen Arnis, wie z. B. Abanico und Espada-Y-Daga unterrichtet. Er besitzt den 10. Antas Arnis, 8. Dan Karate, 5. Dan Judo und den 3. Dan Combat Judo. Zur Zeit lebt er in Manila (Philippinen). Er unterrichtet im Stil des "Modern Arnis".

Presas, Remy — ist der ältere Bruder von Ernesto Presas. Er ist der Gründer des Verbandes I.A.F. (International Arnis Federation) mit Hauptsitz in Los Angeles. Er lebt und unterrichtet in den USA. Von der Zeitschrift Black belt wurde er 1982 als "Instructor of the year" geehrt. Er unterrichtet ebenfalls im Modern-Arnis-Stil

Villabrille, Floro — ist ein Name, der sich immer wieder durch die philippinischen Kampfkünste zieht.
Floro begann sein Training im Alter von 14 Jahren. Er reiste kreuz und quer durch die Philippinen, um die Kunst des Kali zu erlernen. Er hatte eine Vielzahl von Trainern. Viele Legenden ranken sich um ihn, so sei die wichtigste Lernphase in seinem Leben die Zeit bei der legendären Prinzessin Josephina, "the blind princess", gewesen. Floro mußte, bevor er von ihr unterrichtet wurde, lange Zeit primitivste

Arbeiten auf der Insel Samar im Dorf Gundari verrichten. Die Prinzessin konnte alle Angriffe blocken, obwohl sie nichts sah. Nach längeren Prüfungen wurde er dann von ihr persönlich unterrichtet. Floro ist wie viele andere Stockkampf-Begeisterte seiner Zeit in den Philippinen umhergereist, um sich weiter ausbilden zu lassen.

Mit 18 hatte er nach seinen Angaben den härtesten Kampf gegen einen jungen Morokämpfer. Mit Stöcken und keinerlei Schutz wurde dieser Kampf durchgeführt, den er schließlich nach schweren Verletzungen auf beiden Seiten gewann.

Floro heuerte später auf einem Schiff Richtung Hawaii an, wo er dann als Plantagenarbeiter arbeitete. 1948 fand sein letzter Vollkontakt-Kampf statt. Er trat gegen Fransisco Ardona an, einen Herausforderer auf Hawaii. Eine der bekanntesten Aussagen Floros ist der Satz: „Wenn ich mich auf einen Kampf vorbereite, gehe ich alleine in die Berge. Ich stelle mir vor, mein Feind wäre ebenfalls hier und er würde mich angreifen, und in meiner Vorstellung ist es ein realer Kampf. Dies stelle ich mir solange vor, bis ich bereit zum Siegen bin. Ich kann nicht mehr verlieren. Sobald ich den Ring betrete, kann mich niemand mehr besiegen und ich weiß, dieser Mann ist bereits geschlagen."

Er verstarb 1992 auf Hawaii, nachdem er sein anting-anting ins Meer geworfen haben soll.

# VIII. Wettkampf-Bedingungen und -Regeln

Es gibt verschiedene Formen des Wettkampfes im Stockkampf:

- ☐ Semikontakt (Wettkampf unter Verwendung eines Safety-Stockes - das ist ein gepolsterter Stock, um Verletzungen zu vermeiden - und eines entsprechenden Kopfschutzes).
  - ☐ Ein-Treffer-System (wird zu 80 % von den Ausrichtern verwendet)
  - ☐ Mehrere Treffer hintereinander.
- ☐ Vollkontakt (Wettkampf unter Verwendung echter Stöcke mit entsprechender Schutzkleidung).
  - ☐ Ein-Treffer-System.
  - ☐ Mehrere Treffer hintereinander (wird zu 90 % von den Ausrichtern verwendet).

Beim Ein-Treffer-System wird der Kampf nach einem Treffer unterbrochen und gewertet, worauf der Kampf von vorn beginnt, bis einer der Wettkämpfer die entsprechende Punktzahl erreicht hat. Der Kampf geht über drei Runden à eine Minute.

Beim Mehr-Treffer-System wird innerhalb der drei Runden jeder Treffer von den Schiedsrichtern notiert und am Ende jeder Runde zusammengezählt. Der Kämpfer mit den meisten Punkten hat den Kampf gewonnen. Bei Unentschieden gibt es maximal eine Runde Verlängerung, dann muß der Sieger feststehen.

Beide Formen haben ihren besonderen Reiz und fördern die Verwendung verschiedener Techniken. Kommt es beim Semikontakt insbesondere auf die Schnelligkeit an, ähnlich dem Fechten, so ist beim Vollkontakt der Fluß von Schlägen und Blöcken innerhalb der Runden von Bedeutung.

## 8.1 Die Wettkampfausrüstung

**Kleidung**

Die Teilnehmer sollten bequeme Hosen und T-Shirts tragen. Die Nägel müssen kurz geschnitten sein, es darf kein Schmuck getragen werden.

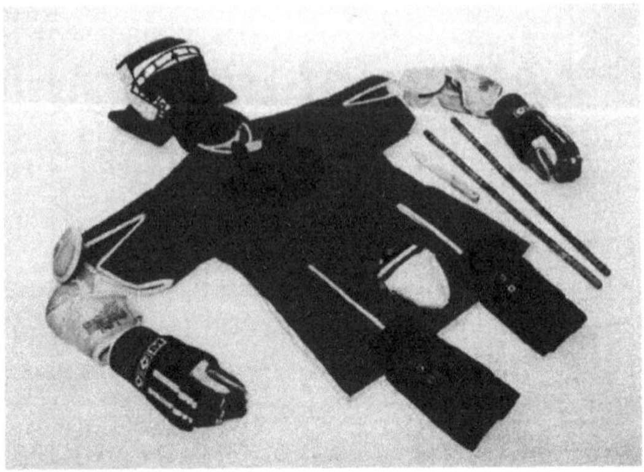

Abb. 193 Die Wettkampfausrüstung beim Vollkontakt

**Vorgeschriebene Schutzausrüstung beim Vollkontakt**

- ☐ Helme und Körperschutz werden vom Veranstalter gestellt, die Teilnehmer können ihre eigene Ausrüstung verwenden, sofern diese von den Turnierverantwortlichen anerkannt wird.
- ☐ Der Körperschutz muß Identifizierungsmerkmale oder Farben haben, die von verschiedenen Richtungen her erkennbar sind.
- ☐ Tiefschutz.
- ☐ Sofern Schuhe getragen werden, müssen sie den gesamten Fuß bedecken.
- ☐ Handschuhe. Werden zwar vom Veranstalter zur Verfügung gestellt, jedoch wird den Teilnehmern dringend geraten, daß sie eigene geeignete Handschuhe tragen. Diese müssen von den Turnierverantwortlichen vor Beginn des Turniers genehmigt werden.

**Empfohlene Schutzausrüstung**

Mundstück, Ellenbogenschützer, Knieschützer, Unterarmschutz, Brustschutz für Frauen und ein Handtuch oder Extra-Schützer, der gegebenenfalls unter dem Helm getragen wird.

**Stöcke**

Stöcke werden auf dem Turnier gestellt. Die Teilnehmer können jedoch auch ihr eigenes Stockkontingent benutzen, sofern diese von den Verantwortlichen zugelassen wurden. Die Stöcke dürfen eine Länge von 74 Zentimeter und ein Gewicht von 200 Gramm nicht überschreiten.

Abb. 194 Die Wettkampfausrüstung beim Semikontakt

**Vorgeschriebene Schutzausrüstung beim Semikontakt**

- ☐ Helme werden vom Veranstalter gestellt, die Teilnehmer können ihre eigene Ausrüstung verwenden, sofern diese von den Turnierverantwortlichen anerkannt wird.
- ☐ Die Helme müssen Identifizierungsmerkmale oder Farben haben, die von verschiedenen Richtungen her erkennbar sind.
- ☐ Tiefschutz.
- ☐ Sofern Schuhe getragen werden, müssen sie den gesamten Fuß bedecken.

**Empfohlene Schutzausrüstung**

Mundstück, Knieschützer, Brustschutz für Frauen und ein Handtuch oder Extra-Schützer, der gegebenenfalls unter dem Helm getragen wird.

**Stöcke**

Es werden Safety-Stöcke verwendet, die auf dem Turnier gestellt werden. Die Teilnehmer können jedoch auch ihr eigenes Stockkontingent benutzen, sofern dieses von den Turnierverantwortlichen zugelassen wurde. Die Stöcke haben eine Länge von maximal 80 Zentimeter und sind gepolstert, um Verletzungen zu vermeiden.

## 8.2 Der Wettkampfablauf

A. Die Wettkampfzone sollte nicht weniger als 4.80 Meter (16 feet) und nicht mehr als 6 Meter (20 feet) in Länge und Breite betragen.
B. Der Schiedsrichter soll die Ausrüstung und Stöcke der Kämpfer vor dem Kampf kontrollieren.
C. Die Kämpfer sollen beginnen, indem sie sich in einer Entfernung von 2.70 Meter (3 Yards) zueinander in der Mitte der Kampfzone aufstellen, sich vor dem Schiedsrichter und anschließend voreinander verbeugen.
D. Der Kampf beginnt, indem der Ringschiedsrichter "FIGHT" ruft.
E. Unterbrochen und beendet wird der Kampf, indem der Ringschiedsrichter „STOP" ruft.
F. Sobald die Zeit abgelaufen ist, sollen sich die Kämpfer auf Zeichen des Ringschiedsrichters erst voreinander und dann vor dem Schiedsrichter verbeugen.
G. Das Zeitlimit für einen Kampf beträgt 3 mal 1 Minute, mit 30 Sekunden Pause zwischen den Runden. (Bei Semikontakt 2 x 1 Minute).
H. Wenn die Runde beendet ist, soll der Schiedsrichter durch ein Signal, z. B. Trillerpfeife, Glocke, Handtuch oder andere geeignete Mittel auf die Zeitbegrenzung aufmerksam machen.
I. Wenn das Zeitlimit ausläuft, ohne daß ein Kämpfer durch „Technisches KO" verloren hat, sollen die Kämpfer auf ihre Ausgangsposition zurückkehren, während der Schiedsrichter mit den Linienrichtern berät und ihre Entscheidung mitteilt.
J. Im Falle eines Unentschiedens gibt es eine Zusatzrunde mit 30 Sekunden Pause, bis eine Entscheidung feststeht. Falls es beim Semikontakt immer noch Unentschieden steht, folgt eine Sonderrunde, bei der derjenige Kämpfer gewinnt, der zuerst 2 Treffer erzielt.

**In den nachfolgenden Fällen kann der Schiedsrichter den Kampf unterbrechen oder stoppen**

- ☐ Wenn ein Kämpfer die Wettkampfzone verläßt oder sich anschickt, sie zu verlassen.
- ☐ Wenn ein Kämpfer eine verbotene Handlung begeht.
- ☐ Wenn es erforderlich ist, daß einer der Kämpfer seine Kleidung richtet.

- ☐ Wenn ein Kämpfer verletzt ist.
- ☐ Wenn ein Stock zerbricht, gespalten oder in sonstiger Weise unbrauchbar wird.

**Wichtig!** Die Zeitunterbrechung soll nicht von der Kampfzeit abgezogen werden.

**Treffer**

A. Der Kampf wird entschieden durch mindestens 3 Kampfrichter. Ihre Entscheidung ist endgültig.

B. Der Schiedsrichter und die Linienrichter sollen in keiner Verbindung zu den Teilnehmern stehen, weder durch Schule, Club, oder familiäre Beziehungen. Diese Regel kann in Extremfällen gelockert werden, wenn nicht genug qualifizierte und erfahrene Schiedsrichter und Linienrichter zur Verfügung stehen.

C. Der Schiedsrichter hat die Verantwortung, den Kampf zu überwachen, hierfür wird er/sie mit einem Stock zu seinem/ihrem Schutz ausgestattet.

D. Die Linienrichter sollen ihre Positionen außerhalb der Wettkampfzone in verschiedenen Ecken einnehmen.

E. Das Ergebnis des Kampfes soll auf technischem KO oder Punkten basieren, die von den Kämpfern erzielt wurden. Gepunktet wird nach dem 10-Punkte-Muß-System. Der Gewinner jeder Runde erhält 10 Punkte, der Verlierer 9, 8 oder 7 Punkte. Ausgeglichene Runden sollen 10 - 10 gewertet werden.

F. Bei der Bewertung eines Kampfes sollten beachtet werden: Ergreifung der Offensive, Defensive, sowie sauberes Schlagen, die Ringtaktik, Technik, Sportlichkeit und Kontrolle des Tempos.

G. Der Gebrauch von untersagten Schlägen, Hieben oder anderen verbotenen Techniken resultiert in einer Verwarnung oder einem Strafpunkt, der sofort nach dem Foul abgezogen wird.

H. Wiederholte Verwarnung für Fouls führt zu Punktabzug oder Disqualifikation.

I. Eine Wertung als Unentschieden erfolgt:
Wenn kein Ergebnis in einem Kampf zustande kommt, nachdem das Zeitlimit erreicht ist, oder wenn die Überlegenheit oder Unterlegen-

heit eines der Kämpfer nicht aus dem Vergleich ihrer Handlungen, ihrer Geschicklichkeit, Techniken oder anderer Bedingungen ersichtlich ist.

J. Wenn einer der Teilnehmer den Kampf durch eine Verletzung nicht fortführen kann, soll der Kampf aufgrund der folgenden Konditionen gewertet werden:
   a. Ist der Grund der Verletzung nicht ein verbotener Schlag, so soll der Verletzte zum Verlierer erklärt werden.
   b. Ist der Grund der Verletzung ein verbotener Schlag des Gegners, so soll dieser zum Verlierer erklärt werden.

K. Erlaubte Schläge und Hiebe:
   I. Zielgebiete der Schläge sind alle Gebiete des Körpers, mit Ausnahme des Unterleibs, Hals (Nacken,Genick), Knie oder Gebiete unterhalb der Knie.
   II. Schläge und Hiebe zu den Armen und zu den Händen sind erlaubt und gehen in die Wertung mit ein.
   III. Schläge auf den Rücken sind erlaubt, jedoch nur, wenn sich beide Kämpfer ansehen.
   IV. Es werden nicht mehr als zwei aufeinanderfolgende, sich wiederholende Schläge auf das gleiche Ziel gewertet.
   V. Es werden nicht mehr als zwei aufeinanderfolgende, identische Schläge zum selben Zielgebiet gewertet.

**Wichtig** Vor jedem Turnier sollte man sich informieren, ob Stiche zugelassen sind oder nicht und dies entsprechend in sein Trainingsprogramm aufnehmen.

**Technisches KO**

A. Wenn der Kampf abgebrochen wird, aufgrund der Einseitigkeit des Kampfes.
B. Auf Grund der Weigerung eines Teilnehmers, den Kampf fortzusetzen, oder durch die freiwillige Aufgabe eines Teilnehmers.
C. Der Gegner wird 3 mal entwaffnet oder verliert 3 mal seinen Stock.
D. Wenn der Sekundant des Teilnehmers die Wettkampfzone während des Kampfes betritt.

Abb. 195 Hilmar Siebert wird Weltmeister im Leichtschwergewicht

**Wichtig!** Als Entwaffnung gilt, wenn ein Teilnehmer seinen Stock an seinen Gegner verliert oder wenn ihm sein Stock aus der Hand geschlagen wird oder er ihn fallen läßt.

Die folgenden Handlungen sind verboten:

A. Schlagen, wenn der Gegner am Boden oder bewußtlos ist, oder wenn der Gegner seine Aufgabe signalisiert.
B. Fäuste, Ellbogen, Knie, Tritte oder jegliche Art von Karate-Schlägen, eine Handabwehr zum Gesicht.
C. Böswillige Gewalt oder übertriebene Härte.
D. Absichtliches Verlassen der Wettkampfzone.
E. Schlagen, während man den Stock des Gegners hält.
F. Klammern oder Ringen.
G. Schläge gegen den Unterleib, den Hals, Knie und Gebiete unterhalb der Knie.
H. Stiche.
I. Mehr als zwei aufeinanderfolgende Schläge zu demselben Zielgebiet.
J. Double Hand Thrusts.
K. Wirbelschläge.
L. Richten der Kleidung, ohne Erlaubnis des Schiedsrichters.
M. Betreten der Wettkampfzone durch den Sekundanten.

N. Streiten bzw. Diskutieren des Teilnehmers oder seines Sekundanten mit dem Schiedsrichter.

O. Jegliche Unsportlichkeit, die den Gegner, die Turnierverantwortlichen oder das Publikum in Verlegenheit bringt, oder jegliche andere Handlung, die schädlich für den Geist des Arnis · Escrima · Kali Sportes ist.

*(Jede Situation, die nicht durch diese Regeln geklärt ist, wird von den Schiedsrichtern in Besprechung mit den Verantwortlichen des Turniers entschieden).*

- ☐ Jeder Teilnehmer, der verbotene Handlungen vornimmt, kann bestraft werden durch Punktabzug in seiner Trefferkarte oder durch Disqualifikation.
- ☐ Jeder Teilnehmer, der 3 wiederholte Verstöße gegen die Regeln vornimmt, wird automatisch disqualifiziert.
- ☐ Jeder Teilnehmer, der aufgrund einer Disqualifikation wegen eines Fouls oder einer anderen verbotenen Handlung, die dem Geiste des Arnis · Escrima · Kali schadet, verliert, kann von der Teilnahme in zukünftigen Wettkämpfen oder ähnlichen Wettbewerben ausgeschlossen werden.

## 8.3 Sayaw-Wettbewerb

**Wettkampf und Ausrüstung**

1. Die Wettkampfzone soll eben sein und kann aus jeglichem Material bestehen; die Abmessung der Wettkampfzone soll nicht weniger als 8 Meter und nicht mehr als 9 Meter betragen. Die Fläche soll quadratisch sein.
2. Die Teilnehmer dürfen jede Art von Trainingsuniform oder dezente Kostüme tragen oder was immer die Sayaw benötigt. Teilnehmer mit langen Haaren müssen ihr Haar so befestigen, daß es ihre Vorstellung nicht behindert.
3. Die Teilnehmer können entweder einen oder zwei Stöcke (Olisi) benutzen oder Schwert und Dolch (Espada y Daga) oder ein philippinisches Langschwert oder Kurzschwert (Kris, Kampilan, Pinuti, Barong, etc.).

Abb. 196 Teamkämpfe bei den Deutschen Meisterschaften

**Wettkampf und Kriterien**

1. Die Vorführung darf zwei Minuten nicht überschreiten.
2. Der Wettkampf ist eine offene ,,Form'' mit folgenden Kriterien:
   a. Die Vorführung muß einige Grundbewegungen aus dem Arnis Escrima Kali beinhalten.
   b. 80 % der Bewegungen müssen den Stock (Olisi) betonen.
   c. Die Fußbewegung soll am Anfangspunkt oder in unmittelbarer Nähe enden.
3. Beim Betreten der Wettkampfzone muß der Vorführende seinen Namen nennen, das Land, welches er vertritt, den Club und den vorzuführenden Stil.
4. Die Begrüßung (Yuko) muß vom Vorführenden vor und nach der Vorführung erkennbar ausgeführt werden.
5. Ein Teilnehmer darf die Matte erst verlassen, nachdem die Wertung bekannt gegeben wurde.

**Bewertung der Vorführung**

1. Die Vorführung wird von 5 Punktrichtern bewertet. Kein Richter darf in einem Wettbewerb richten, an dem sein Team teilnimmt.
2. Die Grundlage für die Bewertung der Sayaw sind folgende Kriterien:
   a. ANMUT
      1. Handhabung der Olisi.

2. Fußarbeit und Stellung.
3. Gleichgewicht und Haltung.
4. Körper und Handbewegung.

b. KRAFT
1. Atmung (Inhalation und Exhalation).
2. Ausführung der Schläge, z. B. Winkel, Linien, Zonen.
3. Dynamische Spannung.

c. AUSDRUCK
1. Präzision der Bewegungen, z. B. Beenden der Vorführung am Ausgangspunkt und Ausnutzung der gesamten Fläche.
2. Uniform, Kostüm, Stammestrachten oder Hilfsmittel, die in Verbindung zum Arnis Escrima Kali stehen.
3. Musik u. ä. kann verwendet werden.

**Wichtig!** Akrobatik, Gymnastik und Bewegungen, die keine Relevanz im Arnis · Escrima ·Kali haben, gehen nicht in die Wertung ein.

**Bewertungssystem**

1. Bewertet wird nach dem „5 bis 10-Punkte-System''. Die höchste Punktzahl ist die 10, die niedrigste die 5. Die höchste und die niedrigste Punktzahl werden gestrichen, die verbleibenden Punkte addiert und durch 3 dividiert. Das Ergebnis ergibt die Wertung.
2. Kommt es in der Meisterschaft zu einem Unentschieden, muß der Teilnehmer erneut seine Sayaw vorführen.
3. Diejenigen Teilnehmer, die sich für die oberen 5 Plätze qualifizieren konnten, müssen die gleiche Sayaw nochmals vorführen.

## 8.4 Empfehlungen für das Wettkampftraining

Insbesondere für das Wettkampftraining sind das mentale Training und das Konditionstraining entscheidend.
Ohne richtiges Konzentrationstraining mit entsprechender Vitalisierung der inneren Energie und des Willens sind die meisten Kämpfe trotz hervorragender Kondition und Techniken zum Scheitern verur-

teilt. Die Mobilisierung der letzten Kräfte und den Willen zum Sieg kann und muß man genauso trainieren.
Auf die richtige Sportlerernährung und das Konditionstraining werde ich im Rahmen dieses Buches nicht eingehen, wohl aber auf die technische Vorbereitung in Form einiger bewährter Übungen.
Nachfolgend werden die wichtigsten Grundübungen für die Vorbereitung des Vollkontakttrainings aufgeführt, doch können diese hier nicht alle genannt werden, denn es gibt unzählige Wettkampf-Übungen. Meiner Meinung nach sind aber die hier aufgeführten Übungen ausreichend, um sich gut auf Turnieren behaupten zu können.

**Übung 1**
Hier werden diagonale Schläge von rechts oben nach links unten und wieder von links oben nach rechts unten eine Minute gegen einen Sandsack geschlagen. Man sollte sich als Ziel mindestens 160 Schläge in der Minute setzen. Obwohl diese Anzahl von Schlägen im Kampf nicht umgesetzt werden kann, ist diese Übung eine hervorragende Vorbereitung. Die Trainingssequenz sieht dabei folgendermaßen aus: Eine Minute gegen den Sandsack schlagen, eine halbe Minute ausruhen und das ganze viermal (Zusatzrunde) wiederholen. Danach mit dem anderen Arm das gleiche exerzieren.
Nach ein bis zwei Monaten sollte die Zeit auf jeweils anderthalb Minuten angehoben werden sowie in voller Kampfausrüstung geübt werden. Nach weiteren zwei Monaten sollte die Zeit auf zwei Minuten ausgedehnt werden.

**Übung 2**
Das gleiche Training sollte man auch an einem aufgehängten alten Autoreifen durchführen. Hierbei werden durch die Drehungen und Bewegungen des Reifens andere Muskeln und Distanzen trainiert.

**Übung 3**
Schlagen von Abanikos gegen den Sandsack (fächerartige Schläge, die z. B. von der rechten Seite des Sandsackes auf die linke Seite auf gleicher Höhe geschlagen werden). Am Anfang sollte man die Abanikos über dem Kopf ausführen und während der einen Minute langsam in die Knie gehen und dann wieder nach oben kommen. Als Ziel sollten

160 bis 200 Schläge in der Minute anvisiert werden. Nach einiger Praxis sollten die Abanikos dann vertikal und schräg trainiert werden; natürlich immer rechts und links.

**Übung 4**
Hier werden diagonale Schläge von rechts unten nach links oben und wieder von links unten nach rechts oben eine Minute lang gegen einen Sandsack geschlagen. Man sollte sich das Ziel setzen, mindestens 120 Schläge in der Minute zu erreichen. Zur weiteren Orientierung siehe Übung 1.

**Übung 5**
Die Übung 5 besteht aus einer selbstständig zu erstellenden Kombination von Übung 1 und Übung 3 sowie später durch Hinzufügen der Kombination 4. Auch hier sollte immer rechts und links trainiert werden. Bei Anwendung der Kombinationen empfehle ich, um den Sandsack zu laufen und ihn hin und wieder in schwingende Bewegungen zu versetzen.

**Übung 6**
Stechen mit zwei Stöcken gegen Holzringe, die über einem kreisen. Die Holzringe sollten dabei einen Durchmesser von ca. 20 bis maximal 25 cm haben. Während der einminütigen Übung sollte man immer versuchen, in Bewegung zu bleiben. Hierdurch wird die Koordination beider Arme und das unabhängige Arbeiten der Beine während des Schlagens trainiert.

# IX. Prüfungen

Je nach Stil und Zugehörigkeit eines Clubs zu einem Verband gibt es unterschiedliche Prüfungsordnungen und -anforderungen. Prinzipiell kann ich nur die Empfehlung aussprechen, einen Stil sauber zu erlernen. Trotzdem sollte man die Gelegenheit wahrzunehmen, bei verschiedenen Meistern zu lernen, um sich so die bestehende Vielfalt nicht entgehen zu lassen.
Die alte Warnung „von allem ein bißchen, aber nichts richtig zu beherrschen", sollte hierbei niemals vergessen werden. Daher ist es wichtig, erst einen Stil sauber zu erlernen und dann einen weiteren. Jeder Mensch ist unterschiedlich gebaut, hat unterschiedlich Kraft, hat andere Präferenzen, und sollte sich daher seinen persönlichen Stil zusammenstellen. Jeder Stil enthält faszinierende Elemente, die man lernen sollte.

**Wichtig** ist, daß man jederzeit auch erklären kann, aus welchem Stil die jeweils vorgeführte Technik kommt. Zum einen ist man dies dem jeweiligen Trainer schuldig, zum anderen hilft es, sich selber zu strukturieren und die Ursprünge seines eigenen Stils zu bewahren.

Auch für spätere Generationen ist somit immer noch eine saubere Trennung der verschiedenen Stile möglich.

Die Graduierungsreihenfolge beim A.E.K. Germany ist folgendermaßen festgelegt:

**Schülergrade:**

| | |
|---|---|
| 1. Grad (5. Klase) | gelb |
| 2. Grad (4. Klase) | orange |
| 3. Grad (3. Klase) | grün |
| 4. Grad (2. Klase) | blau |
| 5. Grad (1. Klase) | braun |

## Meistergrade:

| | |
|---|---|
| 1. Antas | Schwarzgurt oder rotes T-Shirt |
| 2. Antas | Schwarzgurt mit zwei roten Querstreifen |
| 3. Antas | Schwarzgurt mit roter Umrandung und drei Querstreifen. |
| 4. Antas | Jacket und Schwarzgurt mit roter Umrandung und 4 Streifen |
| 5. Antas | Jacket und Schwarzgurt mit roter Umrandung und 5 Streifen. |
| Großmeister: | |
| (6. Antas) | Jacket und Schwarzgurt mit roter Umrandung und 6 Streifen |

Die Kleiderordnung kann folgendermaßen festgelegt sein:
Schwarze Hose und weißes Verbands- bzw. Club-T-Shirt. Ab dem 1. Antas bekommt die schwarze Hose zwei rote Seitenstreifen. Zur Prüfung muß in ordnungsgemäßer Kleidung und Ausrüstung erschienen werden.
Die Prüfungsordnung dient zum einen dem strukturierten Nachvollziehen der Techniken und Begriffe und zum anderen zum persönlichen Abchecken des eigenen Wissenstandes.
Die Prüfungen bauen aufeinander auf, d. h. alle Techniken und Themen aus den vorangegangenen Prüfungen sind jederzeit bei Aufforderung nachzuweisen.

# Über den Autor - Danksagung an meine Meister, Trainer und Schüler

| | |
|---|---|
| 1963 | geboren in Teheran/Iran |
| 1971 | erste Schritte im Kampfsport durch Eintritt in eine Judo-Schule. |
| 1973 | Umstieg auf Karate |
| 1975 | Erster Unterricht im Arnis |
| 1976 | Erster Unterricht im Bo-Jutsu |
| seit 1981 | Instructor im Combat Arnis |
| 1981 | Deutscher Meister im Arnis |
| 1982 | Auszeichnung durch Meister Brocka zum Honorary Instructor |
| 1983 | Abschluß des 1. Dan im Combat Arnis bei Meister Brocka |
| 1983 | 1. Dan im Bo-Jutsu |
| 1983 | 3. Platz Deutsche Meisterschaften im Arnis |
| 1984 | 3. Platz Deutsche Meisterschaften im Arnis |
| 30.04.84 | Abschluß des 1. Dan im Modern Arnis bei Meister E. Presas |
| 1984 | Baden-Württembergischer Meister im Arnis |
| 1985 | Deutscher Meister im Arnis |
| seit 1985 | Arnis- und Bo-Jutsu-Trainer an der Technischen Universität Berlin |
| 1987 | 1. Philippinenaufenthalt |
| 1990 | 2. Philippinenaufenthalt |
| 1990 | 1/2jähriger Aufenthalt in Japan zum näheren Verständnis der japanischen Kultur; Bo-Jutsu Training |
| seit 1992 | Trainer beim A.E.K. Berlin |
| 1993 | 3. Philippinenaufenthalt |
| 1993 | Meisterschaften in London; British Invitational, Vollkontakt-Meisterschaften, Schwergewicht, 5. Platz |
| 1993 | Deutscher Direktor des Europäischen Dachverbandes für den Stockkampf (E.A.K.E.F) |
| 1993 | 8. Britische Meisterschaften in London (British Open); 3. Platz Vollkontakt-Meisterschaften im Schwergewicht |

| | |
|---|---|
| 1994 | Deutscher Meister im Semikontakt; Deutscher Meister im Vollkontakt-Einzelstock und -Doppelstock. |
| 1994 | Zweiter im Vollkontakt-Einzelstock auf dem Arnis World Invitational Mayors Cup in Cebu, Philippinen. |
| 1994 | Präsident W.E.K.A.F. Germany (Weltdachverband für Stockkampf), gewählt auf dem Kongress in Muntinlupa, Metro Manila, Philippinen. |
| 1994 | Weltmeister im Vollkontakt-Einzelstock (Schwergewicht) in Manila, Philippinen. |
| 1995 | Europameister im Schwergewicht in Nordirland |
| 1995 | Deutscher Meister im Semikontakt. |

Dieses Buch wäre ohne die Unterstützung und positiven Anregungen von Dr. Wolfgang Weinmann nicht entstanden. Er hat mich nicht nur durch sein fachliches Wissen auf dem Gebiet des Kampfsportes beeindruckt, sondern auch durch seine Art, mit Menschen umzugehen und sie zu fördern.

Selbst wenn man sich einiges Wissen angeeignet hat oder jahrzehntelang trainiert, es gibt immer einen Unterschied zwischen dem Status eines Trainers und dem eines Meisters. Ich möchte insbesondere Meister Cui Brocka danken, daß er mir einen Einblick in die Traditionen und Techniken des philippinischen Kampfsportes ermöglicht hat. Ich bedaure zutiefst, daß er so früh von uns gegangen ist. Ich möchte mich an dieser Stelle bei allen Trainern, Meistern und Großmeistern, die mich unterrichtet haben bedanken und sie mögen mir verzeihen, daß ich sie bei der langen Liste nicht alle namentlich erwähnen kann. Manche sind in der Vorstellung bekannter Meister und Stile mit aufgeführt.

Herzlich bedanken möchte ich mich bei all denen, die mich bei der Erstellung dieses Buches unterstützt haben, insbesondere bei Susanne Griem für die mühevolle Arbeit als Lektorin dieses Buches, darüber hinaus bei Harald Ahrendt, Stefan Jerzenbek, Alfred Plath, Clemens Rath und Frank Weniger.
Ich möchte mich aber ebenso bei all meinen Schülern bedanken, durch deren Rückfragen ich selbst im Laufe der Zeit immer weiter hinzugelernt habe.

Abb. 197 Großmeister Momoy Cañete und das deutsche Team bei den 3. Weltmeisterschaften in Manila.

Herrn Bresien danke ich für die fachmännische Unterstützung bei der Erstellung der Photos.
Meinem Bruder Hilmar danke ich für die Diskussionen und vor allem für den jahrelangen gegenseitigen Wettstreit in diesem Sport, denn ohne diese Ansporn wären viele Erfolge nicht erzielt worden.

# Weiterführende Literatur

## *Literatur zum Themengebiet Recht*

StGB: „Strafgesetzbuch mit Änderungen durch Terrorismus-Gesetz, Wehrstraf-Gesetz, Betäubungsmittel-Gesetz, weitere Vorschriften des Nebenstrafrechts". 23. Auflage. Beck-Texte im Deutschen Taschenbuch Verlag, dtv.

Schwind - Hassenpflug - Nawratil: „Strafrecht, leicht gemacht." Eine Einführung zum Allgemeinen und Besonderen Teil des Strafgesetzbuches mit praktischen Fällen und Hinweisen für Klausuraufbau und Studium. Ewald v. Kleist Verlag, München.

Braunschneider, Hartmut: „Das Skript. Strafrecht Algemeiner Teil". S. 42 ff. 5. Auflage.

Wessels, Johannes: „Strafrecht, Allgemeiner Teil." S. 94 ff. 21. Auflage.

## *Literatur zum Themengebiet Fallschule/Würfe*

Weinmann: „1 x 1 des JUDO", „Die Grundlagen des Judosports"; Weinmann Verlag

Weinmann — ,,Die Judo-Wurftechnik'', Die exakte Beschreibung aller wichtigen Würfe, Weinmann Verlag


## *Literatur zum Themengebiet Messer*

Mc Evoy: — "An introduction to the art of knive throwing."

Michael D. Janich — "Knife fighting. A practical course."

# Fachwörterverzeichnis

Dieses Kapitel soll dazu dienen, schnell in alphabetischer Reihenfolge bestimmte Begriffe nachzuschlagen. Selbstverständlich wird kein Anspruch auf Vollständigkeit erhoben, aber es ist eine besonders ausführliche Aufstellung von Arnis-spezifischen Worten.

**Abaniko** (span.) bedeutet Fächer.

**abante** Philipinische Bezeichnung für den Fortgeschrittenen Schüler.

**Abecedario** Bedeutet Alphabet und bezeichnet einen Stil.

**aktives Sehen** Es ist das Sehen, bei dem man erkennt, wie man selber vorzugehen hat bzw. welche Fehler andere machen. Das Erkennen von Kleinigkeiten und das schnelle Kombinieren einer Vielzahl an Informationen zu einem Ganzen, um entsprechende Maßnahmen einzuleiten.

**anito** Der Begriff für Naturgeister im philippinischen Sprachgebrauch. Die Verbindung zwischen Naturglauben und dem christlichen Glauben spiegelt sich in vielen Kampfstilen wider (siehe auch anting-anting).

**Antas** Graduierungsbezeichnung im Stockkampf für den Meistergrad, ähnlich dem Dan in japanischen Kampfsportarten

| | |
|---|---|
| **anting-anting** | Bezeichnet die innere Kraft und Energie eines Menschen. Einem Menschen, der anting-anting besitzt, wird eine magische Aura zugesprochen, die ihm im Zusammenhang mit den alten Naturreligionen übernatürliche Kräfte verleiht. |
| **Anyo** | Auch Form genannt; (im Karate als Kata bezeichnet) stellt ein vorgeschriebenes Bewegungsablaufschema dar. Es sollen Techniken geübt und ihre Anwendungen erklärt werden können. Andere Bezeichnungen hierfür sind sayaw, hanay. |
| **Arnis** | Der Begriff **Arnis** kommt von arnés (span. = Harnisch, Schutz, Rüstung), da die damaligen Stockkämpfer die Spanier nur an ihren ungeschützten Stellen treffen und damit besiegen konnten (siehe auch Escrima oder Kali). |
| **Arnis de mano** | Einer der bekannteren Kampfstile auf den Philippinen. Es ist eine ausgereifte Kunst, die nach einer langen historisch belegten Entwicklungszeit entstand und den Sportler in die Lage versetzt, sich gegen bewaffnete oder unbewaffnete Angriffe zu verteidigen. |
| **Ataras** | Bedeutet nach hinten gehend. |
| **Avante** | Bedeutet nach vorn gehend. |
| **Baguhan** | Bezeichnung für den Anfänger, Beginner im Stockkampf. |
| **Bahi** | Eisenholz |

| | |
|---|---|
| **Balisong** | Schmetterlingsmesser, Butterfly-Messer; philippinisches Klappmesser, welches durch Aufklappen der Griffhälften zum Messer wird. |
| **Banda y Banda** | Ein Stil, bei dem insbesondere mit Doppelstocktechniken gearbeitet wird. |
| **Bangkow** | Speer |
| **Baraw** | Messer oder dagger |
| **Baston** | spanische Bezeichnung für den Stock |
| **Bastonada** | Stockschläge |
| **Bati-Bati** | Das Wort kommt von Baticulum. Dies ist ein besonders hartes Holz, das eigentlich als Ersatz für das Bolo gedacht war. Im engsten Nahkampf bezeichnet der Begriff den Einsatz von Buttechniken. |
| **Bolo** | Längeres Arbeitsmesser der Filipinos |
| **Bothoan** | Kampfschule; in früheren Zeiten der Ort, an dem die Kämpfer im Umgang mit Waffen unterrichtet wurden. |
| **Butt** | Das kurze Ende des Stockes (siehe auch Punyo) |
| **Cadena** | Bedeutet Fluß im Zusammenhang mit einer Folge von Techniken. |
| **Cadena de mano** | Kettenhände oder fließende Hände |
| **Capesedario** | Ein Stil im long range fighting, auch kabaroan genannt. |
| **Cerrado** | (sprich: serrado) = schließen, Nahkampf (s. a. Serrada). |

| | |
|---|---|
| **Cinco teros** | Fünf Schläge; bezeichnet die fünf Grundschläge im → Serrada- und → Sikaran-Arnis. |
| **Combat Arnis** | Ein von Meister J. Cui Brocka (Abb. 184) entwickelter Arnis-Stil mit speziellen Selbstverteidigungselementen. |
| **Corto** | kurz |
| **Death matches** | Kämpfe bis zum Tode. Sieger war derjenige, der überlebte. Es ging um Ruhm, Ehre, Frauen und Eigentum, die dem Sieger dann zugesprochen wurde. Die Stöcke, die hier mit Vorliebe eingesetzt wurden, hießen flat sticks. |
| **Dumog** | die philippinische Form des Ringens |
| **Dalubasha** | Experte, Meister (sprich dalubasa). |
| **Escrima** | kommt aus dem Spanischen von 'esgrima' und bedeutet fechten oder Fechtkunst. Hat seine Wurzel im Lateinischen. (s. Arnis oder Kali). |
| **Espada y Daga** | Schwert und Dolch. Diese Techniken wurden unter dem europäischen Einfluß der Spanier aufgenommen und verfeinert. |
| **Estocada** | (span.) Degenstich |
| **Estoque** | (span.) Stoßdegen |
| **Flat sticks** | wurden vorwiegend bei → Death matches eingesetzt und haben eine ovale Form, um größere Zerstörungen bei einem Treffer zu verursachen. |
| **Figure 8** | Stockbewegungen, bei denen eine liegende Acht mit einem oder zwei Stöcken geschwungen wird. |

| | |
|---|---|
| **Fraile** | Stock (wört. Mönch) |
| **Freies Bein** | Das Bein auf Seite der → freien Hand |
| **Freie Hand** | Die Hand, in der keine Waffe gehalten wird (siehe auch Waffenarm). |
| **Garote** | Stock |
| **Gsiyam-Stil** | Ein schöner Stil, der auf neun winkelbasierten Grundschlägen aufbaut. |
| **Guiding** | (engl.) führen, weitergleiten lassen |
| **Guro** | Bezeichnung für einen Trainer |
| **Hanay** | siehe anyo, sayaw. |
| **Hirada** | Ein traditioneller Stil |
| **Juramentado** | Todeskämpfer, die sich ähnlich den Kamikazefliegern für ihre Sache opferten (siehe auch Kapitel 2). |
| **Kamagong** | Hartholz |
| **Kampilan** | Ein traditionelles philippinisches Schwert, ausgestattet mit einer Extra-Spitze. |
| **Kali** | Ein älterer, aber noch heute verwendeter Begriff für die philippinische Kampfkunst (s. a. Arnis oder Escrima). Der Begriff **Kali** setzt sich aus zwei Teilen zusammen: Ka steht in der Bedeutung des Cebuano (spezieller Dialekt der Visayas, der mittleren Inselgruppe der Philippinen) für camot = Hand, und Li steht für lehok = Bewegungen. Kali kann mit ‚Bewegungen der Hand' oder einfach ‚Handbewegungen' übersetzt werden. |
| **Karasak** | Schild |

| | |
|---|---|
| **Kris** | Flammenschwert (siehe Abb. 5) |
| **Kuntao** | Verbreitet in Malaysia und auf den Philippinen, ist der von den Chinesen geprägte Hand- und Fußkampf. |
| **Largo** | (span.) lang, wird meistens im Zusammenhang mit Kämpfen größerer Reichweite verwendet |
| **Largo mano** | Schläge, Angriffe oder Konter aus der weiten Distanz. |
| **Lupon** | Langstab, philippinischer Bo (siehe auch sibat). |
| **Mano-Mano** | Die Umsetzung von Kampftechniken mit der Waffe auf die waffenlose Anwendung. |
| **Nunchaku** | Zwei Stöcke, die mit einer Schnur oder Kette miteinander verbunden sind. Ein sehr bewegliches und gefährliches Wirbelinstrument; in Deutschland verboten. |
| **Olisi** | Stock |
| **Paghawak** | Das blitzschnelle Greifen und Halten des Stockes oder des Armes (s. a. trapping). |
| **Palo** | Schlag |
| **Pangamut** | Vorläufer des Arnis, von Lapu Lapu verwendet. |
| **pani-il** | Fußarbeit |
| **Pekiti Tirsia** | Ein Stil, der von Tuhon Leo Gaje gelehrt wird (siehe Kapitel 7.2). |
| **Punyo** | Bedeutet Griffende, wird auch als Butt bezeichnet. |

| | |
|---|---|
| **Quick Release** | (engl.) Blitzschnelle Befreiungstechnik, wenn der Gegner den Stock des Partners ergriffen hat. |
| **Rattan** | Das meistverwendete Material beim Stockkampf. |
| **Rattanstock** | Wird im Philippinischen je nach Region als garote, yantok, baston oder olisi bezeichnet. |
| **Redonda** | Ein traditioneller Stil, redondo bedeutet rund (siehe Kapitel 5.9). |
| **rewa** | Bezeichnung für eine bestimmte Stockhaltung. Der Stock wird dabei so gehalten, daß das lange Ende nach unten zeigt. |
| **Rumpida** | Aus dem Spanischen "romper", bedeutet zerbrechen. Mit den Rumpidatechniken sollten die Rüstungen der Spanier zerschlagen werden. Hierbei wird auch eine besondere Waffe verwendet, die als „Totschläger" bezeichnet wird. |
| **Sagong** | Kreuzblock, kann mit oder ohne Waffe durchgeführt werden. |
| **Sak-sak** | Stich |
| **Sangga** | (phil.) Block |
| **Sayaw** | Vorführung festgelegter Kampfabläufe, im Japanischen als Kata bezeichnet (s. a. Anyo, Hanay oder Form). |
| **Serrada** | Der Serrada-Stil ist insbesondere im Nahbereich aktiv (s. a. Cerrado). |
| **Sibat** | Bo, langer Stock, staff (siehe lupon). |

| | |
|---|---|
| **Sikaran** | Kickboxingtechniken; Fußtrittechniken; der Kampf mit den Füßen (Tritten). |
| **Sikaran Arnis** | Ein Arnis-Stil, dessen Schwerpunkt auf dem Einsatz von Fußtechniken in Verbindung mit dem Stock liegt. |
| **Sinawali** | Fließende Bewegungsfolgen können in "Single Sinawali" und "Double Sinawali" unterschieden werden (siehe Kapitel 5.7). |
| **Solo baston** | Ein Stock bzw. Ein-Stock-Techniken |
| **Sonquete** | Spezielle Techniken innerhalb des → Hirada. |
| **Stockkampfbezeichnungen** | Estocada oder Estoque oder Fraile oder Pangamut oder Escrima oder Kali oder Garote oder Baston. |
| **Sumbrada** | Ein traditioneller Stil |
| **Suntukan** | Das philippinische Boxen |
| **Tabak Tayo** | Ein Wirbelset, welches unter anderem auch für philippinische Nunchakutechniken eingesetzt werden kann. |
| **Tapi-Tapi** | Bezeichnung für das Trapping mit der → Freien Hand, insbesondere in den Visayas verwendet (siehe auch trapping). |
| **Tatag** | Balance, Stabilität |
| **Tig bas** | Ein Kommando für das Schlagen. |
| **Tindig** | Grundposition(en) |
| **Tjakalele (indones.)** | Die ältere indonesische Bezeichnung für den Stockkampf. |
| **Trapping** | Greifen mit der → Freien Hand, wird auch als „paghawak" oder „tapi-tapi" bezeichnet. |

**Tuhon** Ältere Bezeichnung für einen Meister.

**Waffenarm** Der Arm, mit dem die Waffe gehalten wird. Gegenstück zur → Freien Hand.

**Waffenbein** Das Bein auf Seite des → Waffenarmes.

**Yantok** Eine Bezeichnung unter vielen für den Rattanstock.

**Yuko** Begrüßung

**Tagalog Zählweise**

1 = Isa
2 = Dalawa
3 = Tatlo
4 = Apat
5 = Lima
6 = Anim
7 = Pito
8 = Walo
9 = Siyam
10 = Sampu
11 = Labing-isa
12 = Labindalawa

*Gesundheit ist die größte Gnade, das höchste Gut und der beste Besitz; das nächstbeste ist ein wahrer Freund.*

Buddhistisches Sprichwort